História do Mundo

PARA

LEIGOS®

Tradução da 2ª Edição

Edição de Bolso

História do Mundo PARA LEIGOS®

Tradução da 2ª Edição

Edição de Bolso

por Peter Haugen

ALTA BOOKS
EDITORA
Rio de Janeiro, 2014

História do Mundo Para Leigos, Tradução da 2ª Edição — Edição de Bolso, ISBN: 978-85-7608-688-8

Impresso no Brasil — 1ª Edição, 2014

Impresso no Brasil — 1ª Edição, 2014. Vedada, nos termos da lei, a reprodução total ou parcial deste livro.

Produção Editorial Editora Alta Books **Gerência Editorial** Anderson Vieira	**Supervisão e Qualidade Editorial** Angel Cabeza Sergio de Souza **Design Editorial** Aurélio Corrêa	**Captação e Contratação de Obras** Cristiane Santos J. A. Rugeri Marco Pace autoria@altabooks.com.br	**Vendas Atacado e Varejo** Daniele Fonseca Viviane Paiva comercial@altabooks.com.br	**Marketing e Promoção** Hannah Carriello marketing@altabooks.com.br **Ouvidoria** ouvidoria@altabooks.com.br
Equipe Editorial	Auleriano Messias Claudia Braga Letícia Vitoria de Souza	Livia Brazil Marcelo Vieira Mayara Coelho	Milena Lepsch Milena Souza Natália Gonçalves	Raquel Ferreira Rodrigo Araujo Thiê Alves
Revisão Gramatical Wandy Campos	**Revisão Técnica** Maria Teresa	**Diagramação** Joyce Matos		

Dados Internacionais de Catalogação na Publicação (CIP)

H371h Haugen, Peter.
História do mundo para leigos edição de bolso / por Peter Haugen. – Rio de Janeiro, RJ : Alta Books, 2014.
248 p. : il. ; 17 cm. – (Para leigos)

Tradução de: World History For Dummies (2. ed.).
ISBN 978-85-7608-688-8

1. História. I. Título. II. Série.

CDU 930.9
CDD 909

Índice para catálogo sistemático:
1. História geral 930.9

(Bibliotecária responsável: Sabrina Leal Araujo – CRB 10/1507)

ALTA BOOKS
EDITORA

Rua Viúva Cláudio, 291 — Bairro Industrial do Jacaré
CEP: 20970-031 — Rio de Janeiro
Tels.: 21 3278-8069/8419 Fax: 21 3277-1253
www.altabooks.com.br — e-mail: altabooks@altabooks.com.br
www.facebook.com/altabooks — www.twitter.com/alta_books

Sobre o Autor

Peter Haugen é autor do livro *Was Napoleon Poisoned? And Other Unsolved Mysteries of Royal History (Napoleão Foi Envenenado? E Outros Mistérios Não Solucionados da História da Realeza)* (Wiley). Graduado pela Universidade da Califórnia, Berkeley, é contribuidor assíduo da revista *History* e está entre os coautores de *The Armchair Reader Amazing Book of History (O Fantástico Livro de História do Leitor de Poltrona)*, *mental_floss Presents Condensed Knowledge (mental_floss Apresenta Conhecimento Resumido)* e *mental_floss Presents Forbidden Knowledge (mental_floss Apresenta Conhecimento Proibido)*. Jornalista e crítico veterano, ele foi membro da equipe de diversos jornais americanos, incluindo *The St. Petersburg Times* e *The Sacramento Bee*, e escreveu sobre assuntos que variavam desde belas-artes até genética molecular. Haugen foi professor adjunto na Universidade de Wisconsin, Madison, e na California State University, Fresno, e é um veterano do exército americano com muito orgulho.

Agradecimentos do Autor

Agradeço aos meus editores na Wiley, por terem me ajudado a fazer com que o processo de escrever esta segunda edição fosse surpreendentemente indolor. Agradeço, também, a toda a minha família, especialmente à minha esposa, Deborah Blum, pelo apoio constante. Gostaria de agradecer mais uma vez ao historiador David McDonald por sua valiosa ajuda com a primeira edição deste livro, e a todos os escritores de História, cujos trabalhos precisei pesquisar incansavelmente e também comparar uns com os outros para abranger tudo o que há de mais maravilhoso no estudo da História do Mundo.

Sumário

Introdução

A História completa do mundo resumida em menos de 250 páginas e apertada em uma brochura? A ideia é absurda. É ultrajante. Eu estaria louco se tentasse fazer isso. Então, aí está.

Não, espere. Este livro não tem a intenção de ser completo. Ele não tem como ser completo. Centenas de volumes dedicam-se a apenas uma ou duas décadas — a Segunda Guerra Mundial me vem à mente. Colocar milhares de anos em um livro pequeno seria impossível. No entanto, uma passagem rápida e superficial é outra história. Se ao ler os capítulos a seguir você se deparar com uma era, uma personalidade ou uma civilização sobre a qual gostaria de pesquisar mais, não faltam lugares onde encontrar mais informações. Você pode recorrer a relatos muito mais completos da História de determinados países, como os Estados Unidos; continentes, como a Europa; e acontecimentos, como a Guerra Civil Americana. Você pode encontrar livros sobre todos estes assuntos e muitos outros na série *For Dummies*. Porém, se quer apenas uma visão simplificada, composta por um conjunto de parágrafos fáceis de ler, sobre os principais personagens e acontecimentos que fizeram do mundo o que ele é hoje, serei seu guia e a *História do Mundo Para Leigos, Tradução da 2ª Edição — Edição de Bolso* será a sua primeira referência.

Sobre Este Livro

A História do Mundo é como uma novela cujos capítulos foram iniciados junto com a invenção da escrita. A apresentação é sombria, cheia de truques sujos e assassinatos, romances e desilusões sexuais, aventuras, guerras e revoluções (e, sim, tratados e datas). Talvez, uma analogia melhor seja a de que a História é como centenas de novelas, com milhares de personagens interligados que passam de uma história a outra — personagens demais até para o fã mais dedicado conseguir acompanhar. Mais um ponto positivo para uma visão geral como a apresentada aqui.

O mais importante a ser lembrado durante a leitura deste livro é que a História é divertida — ou deveria ser. Não se trata de um assunto de vida ou morte... Não, espere. É vida e morte — em uma escala gigantesca. Só que muitas vidas e mortes aconteceram há muito tempo. E isso é bom, pois posso tratar de assuntos particulares sem ser processado. A História está cheia de fofocas e escândalos temperados com muita aventura (espadas, lanças, canhões e tudo o mais). Quanto mais você se aprofundar, melhor se sairá quando seus vizinhos bolarem um jogo de perguntas e respostas sobre o assunto.

Convenções Utilizadas Neste Livro

Todas as áreas, desde cirurgia cerebral até organização de coleções, têm um vocabulário especial. A História não é uma exceção, mas procurei manter claras as palavras dos historiadores neste livro. Quando um termo é inevitável, eu o explico de maneira simples. Com relação a outros termos técnicos, deixo-os em itálico e coloco definições e explicações em seguida. Se você ainda acha que pode se perder entre datas, fatos, citações e outros detalhes, esta seção irá guiá-lo através das convenções usadas para ajudá-lo a compreender melhor o livro e a acessar as informações desejadas ou necessárias.

O que quero dizer com "história"?

Esta não é uma pergunta tola. As pessoas aplicam o termo *história* a outras áreas que não são, bem, a História propriamente dita. Por exemplo: os cientistas falam sobre História Geológica e os médicos falam sobre seu histórico médico. Também existe a História Arqueológica, na qual os especialistas utilizam evidências físicas para criar a História da Humanidade como ela era antes da escrita ser inventada. Embora os historiadores geralmente discordem com relação aos detalhes, a História deve ser verdadeira ou pelo menos próxima daquilo que realmente aconteceu. Os historiadores também fazem suas suposições. Falarei um pouco sobre isso no livro, mas, na maior parte do tempo, falarei sobre acontecimentos documentados.

A História também é um relato escrito (ou filmado). Ela geralmente começa como uma *história verbal*, mas até que o conto seja colocado em uma forma permanente, é muito fácil perder ou alterar os fatos. O que se escreve também não está imune ao exagero, mas existe algo nas palavras faladas que convida ao embelezamento (pense nas histórias de pescador ou nos discursos políticos em época de campanha). É assim que a História é deturpada e os mitos são construídos (os noticiários da TV também ajudam).

Algumas das primeiras histórias escritas foram transmitidas no boca a boca durante séculos antes de serem gravadas em argila, pedra ou papiro. Elas ficaram bastante elaboradas com o passar dos anos. Por exemplo: Homero, um poeta grego cego, transmitiu o conto da Guerra de Troia com base em uma campanha militar verdadeira, porém, muitos de seus detalhes são, obviamente, mitos, a história que a mãe de Aquiles era uma ninfa da água, por exemplo, e o modo como ela o mergulhou no Rio Styx para deixá-lo invulnerável — perdoem-me se não acredito que foi exatamente assim que tudo aconteceu (porém, se Homero nos dissesse que Aquiles era um alienígena do planeta Krypton...).

Positivamente pós-histórico

Como a História precisa ser estabelecida em alguma forma de registro permanente, ela só pode datar até o período em que a escrita foi inventada. Segundo alguns historiadores, pelos sumérios, ao menos em forma *pictográfica* (escrita com figuras), por volta de 3500 a.C. Os egípcios estavam entre os melhores registradores, pois inventaram sua própria escrita (chamada *hieróglifos*) por volta de 3000 a.C. Antes da História escrita, tivemos a era *Pré-Histórica*.

Compreendendo os termos AD, d.C., a.C., EC e AEC

Os anos 1492, quando Colombo começou a navegar, e 1620, quando os peregrinos do *Mayflower* chegaram em Massachusetts, são AD ou d.C., assim como o ano em que estamos. AD significa *Anno Domini*. São as palavras em latim para “O Ano do Senhor”, referindo-se à era cristã, ou o tempo decorrido desde o nascimento de Jesus, o mesmo que d.C. Antes disso, os anos são designados como a.C., ou antes de

Cristo. Os historiadores agora preferem usar EC, referindo-se a "Era Comum", ao invés de AD; e AEC, significando "Antes da Era Comum", no lugar de a.C. As novas iniciais não estão relacionadas a apenas uma religião. No entanto, a maioria das pessoas está acostumada com AD ou d.C. e a.C. Estes termos são amplamente compreendidos e já estão enraizados, portanto irei mantê-los ao longo deste livro.

Os anos a.C. são contados de trás para frente. Por isso, o ano em que Alexandre, o Grande, faleceu, 323 a.C., é menor do que o ano em que ele nasceu, 356 a.C.

Alexandre não tinha ideia de que vivia em uma época em que os anos eram contados de trás para frente, três séculos antes do nascimento de Cristo, e Augusto César, de Roma, não tinha ideia de que estava no ano de 1 AD. Este sistema de datar os anos surgiu muito mais tarde, quando os estudiosos impuseram seu calendário. Sendo assim, Jesus na verdade nasceu um pouco antes do ano 1 AD — talvez em 6 a.C. — o sistema não é preciso. Quando o século XX se aproximou, algumas pessoas que se autoproclamavam profetas disseram que o mundo acabaria quando o calendário passasse para o ano 2000. Obviamente, isso não aconteceu. Com relação ao ano que vem ou aos próximos anos, não posso garantir nada.

Neste livro, podemos supor que um ano de quatro dígitos sem as duas letras maiúsculas em seguida significa AD. Por exemplo: William, o Conquistador, invadiu a Inglaterra em 1066. Para os anos 1 a 999 AD, utilizarei a sigla AD; por exemplo: os escandinavos invadiram a Irlanda e começaram a construir a cidade de Dublim por volta de 831 AD. Também incluirei as iniciais em todos os anos antes de Cristo. Por exemplo: Saulo foi declarado primeiro rei dos israelitas em aproximadamente 1050 a.C. e o General romano Marco Antonio faleceu em 30 a.C..

O motivo para mencionar "aproximadamente" e "por volta de" quando falei sobre a fundação de Dublim e a coroação do Rei Saulo é que ninguém sabe precisar a data.

Outro ponto que confunde as pessoas que leem História é a maneira como os séculos são nomeados e numerados. Uma referência aos anos 1900 não é o mesmo que século XIX. Os anos 1900 fazem parte do século XX. O século XX é o século em que os anos começam com 19. O século XIX é o século em que os anos começam com 18 e assim por diante. Por que o século em que estamos, que todos os anos começam com 20, não é o século XX? Porque o primeiro século começou no ano 1. Quando os números chegaram a 100 (ou, tecnicamente, 101), passamos para o século II, e assim por diante. Os séculos a.C. funcionam do mesmo modo (mas ao contrário, é claro): o século XXI a.C. é aquele em que os anos começam com 20, assim como o século XXI AD.

Perdoem meu francês, quero dizer, latim

Os livros da série *Para Leigos* têm a intenção de facilitar a compreensão de assuntos complexos e, para atingir este objetivo, precisamos evitar o uso de uma linguagem especializada e difícil de compreender, principalmente se não for a nossa língua materna. Porém, como em muitas situações na vida, há exceções.

Você encontrará um número muito pequeno de palavras e expressões em latim e outros idiomas espalhadas por este livro. Foi necessário incluí-las para falar sobre culturas e países onde o português era desconhecido. Foi preciso usar o latim, especificamente, pois alguns assuntos deste livro incluem o importante e influente Império Romano, onde todos falavam latim. Finalmente, não posso escrever sobre a História do Mundo sem abordar a enorme influência da Igreja Católica Romana, uma instituição que, durante muitos séculos, teve o latim como seu principal meio de expressão. Mas não se preocupe, prometo que não usarei tantos termos e, quando o fizer, explicarei o que significam.

Percebendo e evitando preconceitos

Alguns intelectuais questionam o próprio conceito de história. “Sobre a história de quem estamos falando?”, eles perguntam. Se os conquistadores escrevem a História, por que aceitamos seus pontos de vista parciais como verdades? E quanto às vítimas? E quanto aos povos indígenas, como os índios americanos e os aborígenes australianos? E quanto às mulheres? Não é estranho que grande parte da História seja, surpreendentemente, sobre homens brancos?

Sim, é verdade. E também é verdade que a História é tendenciosa. São pessoas escrevendo sobre pessoas, portanto o preconceito faz parte do processo. É preciso levar em conta as tendências do tempo em que os eventos aconteceram, as tendências do tempo em que foram escritos e os preconceitos dos estudiosos que remontam décadas e, muitas vezes, séculos. Não posso mudar o fato de que muitos conquistadores, monarcas, políticos, soldados, exploradores e, claro, historiadores tenham sido homens. Também é verdade que a História do Mundo ensinada tradicionalmente ainda gasta grande parte do tempo com a Europa — a forma como foi modelada e como modelou outras partes do mundo, inclusive as Américas.

Existem outras histórias que valem a pena contar, outros pontos de vista, outras verdades? Pode apostar que sim. Você encontrará algumas delas neste livro, abordadas de modo superficial, assim como todo o restante do livro. Mas, para ser honesto, a tendência é a História centrada nos homens daquela que foi chamada de *civilização ocidental*. Por quê? Porque o ponto de vista é construído com base em relatos bem documentados e amplamente disseminados de como o mundo passou a ser o que é.

Você pode querer mudar o mundo e, geralmente, este é um desejo nobre. Pode até querer mudar os livros de História. De qualquer maneira, é bom saber contra o que estará lutando.

Quando possível, falo sobre as realidades do século XXI de países não ocidentais — principalmente China e Índia — e como cresceram e se transformaram em grandes forças tanto na economia quanto na política global, e sobre as nações em desenvolvimento, como o Brasil (rico em recursos), que parecem ter um papel cada vez mais importante na formação da História Mundial.

Só de Passagem

Embora este livro se concentre no que você precisa saber sobre a História do Mundo, também falo sobre assuntos que, embora úteis, são menos essenciais, pelo menos durante a primeira leitura. O material que pode ser ignorado inclui:

- **O texto dos boxes.** Os boxes são os quadros cinzas que aparecem de vez em quando nos capítulos. Eles falam sobre pontos interessantes relacionados ao capítulo, mas não é preciso lê-los para compreender os assuntos principais.
- **Tudo o que tiver o ícone de Papo de Especialista.** Você poderá achar estas informações interessantes, mas não perderá nada se não ler.

Penso que...

Enquanto escrevia este livro, fiz suposições sobre você. Elas podem ser tolas, mas seguem:

- Você estudou pelo menos um pouco de História no colégio. Pode até conhecer alguns assuntos, mas gostaria de saber mais sobre como tudo se encaixa.
- Você já viu filmes ou leu livros que foram ambientados em diferentes eras históricas e suspeita que eles poderiam ser mais interessantes se estivesse melhor informado sobre os períodos e os personagens históricos.
- Pelo menos uma vez na vida se deparou com algum arrogante metido a conhecer tudo de História, uma daquelas pessoas que adora mencionar fatos sobre a Roma Antiga ou sobre a Revolução Francesa. Caso isso aconteça novamente, você terá a oportunidade de dizer ao Sr. Espertinho que ele está errado.

Como Este Livro Está Organizado

- Não coloquei a História em ordem cronológica em *História do Mundo Para Leigos, Tradução da 2ª Edição - Edição de Bolso*. Não exatamente. Tento contar as histórias na ordem em que aconteceram, mas, como explico no Capítulo 1, há muitas correntes diferentes na História, e elas se cruzam e influenciam umas às outras. Porém, se você classificar algumas das diversas abordagens da História e alguns assuntos relacionados, as correntes são mais fáceis

- Cada parte baseia-se em um tópico mais amplo, como civilizações ao longo da História, guerras ao longo da História ou o impacto das religiões e da Filosofia na História.
- Cada capítulo aborda um aspecto ou um período de tempo específico dentro do assunto tratado em cada parte.
- Os títulos e subtítulos isolam pontos específicos de cada capítulo para que você possa encontrar os capítulos com mais facilidade e acessar apenas as informações desejadas ou necessárias.

Ícones Usados Neste Livro

As margens deste livro apresentam imagens que dão uma dica do que acontece naquela parte específica do texto. Algumas avisam o que você pode ignorar, enquanto outras podem ajudá-lo a encontrar apenas o que lhe interessa. Utilizo os seguintes ícones:

Este ícone indica um evento, uma decisão ou uma descoberta que mudou o mundo — seja no momento em que aconteceu ou em um momento posterior.

Os roteiristas, eternamente famintos por tramas, sempre buscam ideias na História. Este ícone alerta sobre versões em filme (ou série de TV) de histórias reais. Os filmes raramente descrevem corretamente os fatos, mas podem fazer com que você pense na História.

Este ícone marca citações memoráveis que você pode ter ouvido alguma vez, mas não sabia de quem eram ou as circunstâncias nas quais foram ditas. Se você conhece a História por trás das citações famosas, pode dizê-las quando for tomar um café ou em uma festa.

Este ícone marca os principais conceitos históricos que devem ser lembrados durante a leitura. Ele também indica que você pode precisar recorrer novamente ao trecho apontado durante a leitura do livro.

Este ícone indica informações mais técnicas — geralmente quando, onde e/ou como as coisas foram feitas. Por exemplo: este ícone marca parágrafos que informam qual sociedade inventou o papel e quem criou uma bússola mais precisa.

De Lá para Cá, Daqui para Lá

O bom deste livro é que você pode começar pelo Capítulo 1 e lê-lo até o final, mas isso não é necessário. As partes estão organizadas para que você possa ler o que quiser. Conforme procura, note que é possível observar a mesma era através de perspectivas diferentes. Porém, se o seu interesse for armamento e estratégias da guerra, passe para a Parte II. Não tem certeza sobre o que quer ler? A Parte I é um ótimo lugar para ter uma visão geral da História. O sumário e a seção "Como Este Livro Esta Organizado" devem ajudá-lo a encontrar o que quer.

Parte I

Entrando na História

A 5ª Onda Por Rich Tennant

"Oh, Will – quanta paixão, quanta ternura, quanto desespero e redenção. Nunca vi uma lista de supermercado mais tocante."

Nesta parte...

Muitas pessoas usam o termo "civilizado" quando querem dizer "bom", "ordeiro" ou "pacífico". Porém, embora as civilizações humanas alcancem a paz, elas raramente a sustentam. Em um conceito geralmente contraditório, a civilização teve início com as pessoas vivendo juntas para o benefício da comunidade — erguendo um muro de defesa, construindo uma torre para observação ou cavando uma vala de irrigação para regar as plantações. Tudo isso também envolveu pessoas lutando contra um inimigo comum. A civilização com frequência se mostra brutalmente violenta — mesmo quando age em nome da paz.

O trabalho em conjunto acabou levando cidades, nações e grupos de nações a lutarem por objetivos comuns. Agora, a civilização se estende pelo mundo sem que nenhuma parte da humanidade seja completamente excluída da sociedade como um todo.

Esta parte do livro falará sobre como a civilização evoluiu desde as primeiras vilas isoladas e os primeiros projetos de trabalho público até a sociedade global cada vez mais interligada da atualidade. Será que um dia a civilização global chegará a um mundo de paz conquistada de maneira boa e ordeira? É difícil dizer. Muitos diriam que, para cada passo que damos à frente — acordos cooperativos entre nações, por exemplo — dois passos são dados para trás. Guerras irrompem, terroristas atacam e regimes ditatoriais e repressivos abusam de seus povos. Mesmo assim, os idealistas continuam vendo na palavra "civilização" a promessa de um futuro melhor.

Capítulo 1

O Início da Civilização

Neste Capítulo

- Passeando por Jericó, a cidade mais antiga do mundo
- Estabelecendo uma ligação entre os rios e as civilizações em ascensão
- Iniciando os registros escritos
- Conquistando o mundo com os gregos e com Alexandre

Os seres humanos viveram *sem* cidades — sem nada do que as pessoas atualmente chamam de *civilização* — por muito mais tempo do que *com* cidades e com a civilização. Os arqueólogos nunca encontraram provas de nada que se pareça nem remotamente com uma cidade até, no máximo, 11 mil anos atrás. As pessoas de 20 mil anos atrás deviam pensar que acampamentos fixos e grandes eram impraticáveis — quer dizer, se é que esta ideia passou pela cabeça delas — pois a maneira mais confiável de conseguir comida era permanecendo em movimento. Se você quisesse comer, precisava ir para onde as plantas floresciam, para onde os mariscos se penduravam nas rochas e para onde os rebanhos migravam. Era necessário seguir as fontes de alimento a cada estação e, ao caminhar de modo errante, era prudente não misturar o seu grupo com outros. Não era boa ideia ter muitas bocas para alimentar.

Porém, quando a prática da agricultura fez com que as pessoas se fixassem, surgiram as comunidades permanentes. Há dez mil anos, os moradores da cidade de Jericó, atual fronteira oeste da Palestina, davam as boas-vindas aos viajantes que passavam por seu oásis ou os caçavam com suas pedras e lanças atiradas a partir dos muros e torres que protegiam a cidade.

Embora nem sempre concordem, os arqueólogos sabem muitas coisas sobre as primeiras civilizações, principalmente sobre aquelas que surgiram ao longo dos principais rios do Iraque e do Egito. O Iraque e o Egito também são os lugares onde a escrita foi inventada. Quando os registros escritos tiveram início, a Pré-História se transformou em História.

As cidades não cresceram apenas no Oriente Médio; elas também evoluíram no Paquistão, na Índia e na China, onde as grandes civilizações surgiram e ruíram ao interagir com o restante do mundo ao longo de três ou quatro mil anos. As cidades também surgiram nas Américas, onde os invasores europeus acabaram com sociedades nativas avançadas no século XVI AD.

Em todo o mundo, as primeiras civilizações tiveram necessidades comuns de ordem, justiça e entendimento. Formas de lei, religião e filosofia se desenvolveram e guiaram os povos por um caminho longo e tortuoso até chegarem à maneira moderna de pensar e governar. O mundo que conhecemos hoje começou a tomar forma nas primeiras sociedades urbanas, que serão analisadas neste capítulo.

Construindo os Muros de Jericó para Defesa Mútua

A Bíblia diz que Josué e os israelitas criaram uma confusão que derrubou os muros de Jericó, uma cidade em Canaã. Jericó pode ser a cidade mais antiga do mundo — pelo menos a mais antiga já encontrada — anterior até mesmo às primeiras civilizações que viveram ao longo dos rios Tigre e Eufrates no atual Iraque. O que a Bíblia não diz é que os muros de Jericó de, talvez, 3200 anos atrás, foram construídos sobre outros muros, os quais haviam sido construídos sobre outros muros (talvez por isso os muros de Jericó tenham tombado com tanta facilidade quando Josué e seu destacamento chegaram). Os cientistas datam as primeiras edificações como sendo anteriores a 9000 a.C., aproximadamente 11 mil anos atrás. De fato Jericó foi abandonada e reconstruída umas 20 vezes, mas quando se fala em milhares de anos, o que são 20 reformas?

O importante é que os muros e a grande torre de pedra de Jericó contam uma história. Eles mostram aos pesquisadores que os moradores trabalhavam juntos com um único objetivo: construir estruturas civis que fornecessem defesa para a comunidade. Trabalhar junto e de forma organizada — seja de maneira voluntária ou sob as ordens de um governante — é um sinal de civilização.

Infelizmente, os arqueólogos não sabem os nomes e as histórias que passaram de geração para geração em Jericó. A cidade nasceu muito antes da História escrita. A civilização não esperou por uma maneira de escrever para que as gerações futuras pudessem ler sobre seus primórdios.

Plantando Cidades ao Longo dos Rios

Embora Jericó tenha crescido em um oásis no deserto (um ponto de parada pré-histórico, se preferir), as primeiras civilizações em larga escala mais conhecidas formaram-se ao longo dos rios na Mesopotâmia (atual Iraque), no Egito, no Índia e no China.

LEMBRE-SE

As cheias dos rios espalham uma lama rica. Além de ser divertido brincar nela, esta lama, com o passar das eras, formou e enriqueceu o solo dos vales onde a sociedade humana organizada surgiria em larga escala. O solo rico e a água em abundância permitiram aos antigos fazendeiros aumentar sua produção anual e alimentar populações cada vez maiores. Depois, surgiriam as primeiras cidades, os primeiros códigos legais e sistemas de contagem e escrita — todos os elementos de uma civilização — nos vales dos rios.

A fixação entre o Tigre e o Eufrates

A Mesopotâmia, que fica entre os rios Tigre e Eufrates, era um local convidativo para os povos nômades pararem e se estabelecerem. Como os rios ficavam perto do Golfo Pérsico, eles formavam um grande pântano com muitos peixes, pássaros e outros animais silvestres. Os povos do final da Idade da Pedra viveram lá em cabanas de junco. Conforme os caçadores e pastores que viviam no pântano e nas montanhas ao norte se voltavam cada vez mais para o novo estilo de agricultura (uma mudança gradual que levou milhares de anos), o vale fértil a noroeste das terras pantanosas floresceu.

Por volta de 5000 a.C., fazendeiros de cevada e linho cavaram redes de canais de irrigação que partiam dos rios Tigre e Eufrates e de seus afluentes, e também construíram vilarejos ao longo destes canais. Suas comunidades cresceram rapidamente até que cerca de uma dúzia de cidades influentes se transformou na civilização Suméria, seguida, depois de 2000 a.C., pela grande cidade-estado da Babilônia e seus sucessivos impérios (uma *cidade-estado* é uma cidade que também é uma nação — assim como atualmente acontece com Singapura e Mônaco).

Desde aproximadamente 2700-2300 a.C., a principal cidade-estado do sul da Mesopotâmia era Ur, lar do bíblico Abraão. Assim como outras cidades da região, Ur havia sido com lama e tijolos. Além de fertilizar os campos, a lama do vale do rio fornecia o melhor material de construção da região, que não tinha muitas pedras nem madeira.

Estabelecendo-se no Egito

Os vilarejos surgiram no Vale do Nilo em cerca de 5000 a.C., depois do deslocamento de comunidades africanas para o local por causa das mudanças climáticas ocorridas no continente. Mil anos mais tarde, os habitantes do vale enterravam seus mortos com um cuidado meticuloso e muitos ornamentos, uma tendência que levou a feitos grandiosos, como as pirâmides do Egito. Os vilarejos e as vilas se transformaram em cidades, que, por sua vez, se uniram para formar civilizações ainda maiores, até que o vale do longo rio tinha apenas duas nações: o Alto Egito e o Baixo Egito. Então, por volta de 3100 a.C., um grande rei chamado Menes (também conhecido como Narmer, embora este possa ser o nome de um rei que veio um pouco depois) unificou o Egito e construiu uma capital em Memphis.

Subindo o rio até Kush

Subindo o Nilo (ou descendo a África, se você está olhando um mapa), outra cultura se desenvolveu na parte alta da Nubia, ou Kush (onde atualmente fica o Sudão). Influenciados pela cultura do Egito, os kushitas construíram túmulos em forma de pirâmides no estilo egípcio. O Egito governou os kushitas de 2000 a 1600 a.C. e, novamente, de 1500 a 900 a.C. Mais tarde, no século VIII a.C., os kushitas recorreram aos seus vizinhos do norte, derrubaram a dinastia que governava o Egito e assumiram o poder até aproximadamente 671 a.C.

Abrindo caminho para as novas civilizações

Para os povos das primeiras civilizações, suas cidades pareciam incrivelmente modernas, muito superiores aos vilarejos rurais e às tribos nômades (muitas das quais ainda vagavam pelo interior), além de serem incrivelmente poderosas e seguras. No entanto, as primeiras civilizações, assim como todas as outras desde então, fracassaram, dividiram-se, sucumbiram ou evoluíram enquanto fortunas políticas e militares surgiam e ruíam.

Um bom exemplo de civilização em evolução é a Babilônia, que se transformou em império por volta de 1894 a.C., quando o Rei Sumuabum conquistou cidades e vilarejos vizinhos. Seu sucessor, Hammurabi, estendeu as terras da Babilônia do Golfo Pérsico até parte da Assíria antes de morrer, em 1750 a.C. O primeiro império da Babilônia (houve outro, mil anos mais tarde, e falarei sobre ele em instantes) durou quase 300 anos, até 1595 a.C., quando um povo vizinho feroz, os hititas, conquistou a cidade da Babilônia e suas terras.

O Império Hitita se espalhou pela Ásia Menor, abrangendo uma grande área do que atualmente é o centro e o leste da Turquia, estendendo-se até a atual Síria. Então, por volta de 1200 a.C., saqueadores invadiram e queimaram as cidades hititas de maneira tão radical que ninguém mais se lembrava de onde haviam surgido as esculturas, como os leões idênticos sentados ao lado do que deveria ser a entrada de um grande cerimonial, ilustrados na Figura 1-1. Foram os arqueólogos dos séculos XIX e XX que redescobriram este poderoso povo de outrora.

Figura 1-1: Leões entalhados em pedra nas Hititas guardam uma civilização que ruiu em aproximadamente 1200 a.C.

© David Forman; Eye Ubiquitous/CORBIS

Os hititas foram grandes rivais, e mais tarde grandes aliados, do Egito. As duas antigas superpotências movimentaram seus exércitos uma contra a outra na Batalha de Kadesh, no norte da Síria, em 1275 a.C. Algumas décadas mais tarde, estavam em paz. O faraó Ramsés II se casou com uma das filhas do rei hitita Hattusilis III.

Os assírios, um inimigo comum dos hititas e dos egípcios, também construíram uma grande civilização. Centralizados na parte superior do Rio Tigre, os assírios governaram grande parte da Mesopotâmia entre 2600 e 612 a.C. Este povo, ou pelo menos seus governantes, pareciam ter sede de sangue. Por exemplo: os entalhes nas paredes do palácio trazem cenas de inimigos sendo decapitados. Nos escritos assírios, os reis se vangloriavam de quantos prisioneiros haviam sido crucificados, empalados e esfolados vivos.

A Babilônia surgiu como o centro de um novo império no final do século VII a.C., depois que os caldeus, um povo semita aparentado com árabes e judeus, mudaram-se para a antiga cidade e conquistaram terras que se estendiam até o Mediterrâneo. Este era o império governado por Nebuchadnezzar II (605-562 a.C.), cuja conquista de Jerusalém poderá ser vista mais adiante. O império da Babilônia ruiu com a conquista persa de 539-538 a.C., mas a cidade da Babilônia permaneceu como centro urbano por mais de 200 anos (Alexandre, o Grande, morreu lá em 323 a.C.).

Seguindo na direção leste, para os rios Indus e Amarelo

As primeiras civilizações não se limitavam às terras ao redor do Mediterrâneo. Assim como os rios Tigre, Eufrates e Nilo deram início a algumas cidades, o Rio Indus (nas terras agora divididas entre Paquistão e Índia) e o Rio Amarelo (na China) também ofereciam condições ideais para a transformação de vilarejos em cidades no leste.

Descobrindo os mistérios das antigas cidades do Vale do Indus

As cidades às margens do Rio Indus, incluindo áreas no atual Paquistão, em lugares como Harappa e Moenjo-Daro, surpreenderam os arqueólogos que as encontraram por alguns motivos. Assim como as cidades hititas, ninguém sabia da existência das cidades do Rio Indus; embora elas tenham sido localizadas, a identidade das pessoas que as construíram e viveram lá ainda é incerta. Em segundo lugar, estas comunidades eram modernas. Por exemplo: em 2500 a.C., tinham ruas dispostas em uma grade de retângulos, assim como acontece em Nova York; e as casas de Moenjo-Daro tinham banheiros e ralos que alimentavam canos de esgoto municipais. Escritos encontrados entre as ruínas indicam que o Vale do Indus era o lar de uma sociedade letrada, que falava o que provavelmente seria uma forma primária do idioma dravídico, relacionado a muitos idiomas ainda falados em partes do sul da Ásia.

Àquela altura, a civilização do Indus provavelmente cobria uma área maior que a Mesopotâmia e o Egito juntos. Moenjo-Daro foi reconstruída sucessivas vezes ao longo do que os cientistas acreditam ser séculos de alterações geológicas que elevaram o nível do Rio Indus, alteraram seu curso e deixaram diversas camadas de casas debaixo d'água. Outros dizem que terremotos e grandes enchentes acabaram com a civilização por volta de 1700 a.C.

Tribos nômades de pastores originárias do platô iraniano chegaram ao noroeste da Índia por volta de 1700 a.C. e parecem ter desalojado os povos das cidades do Indus. Saqueadores acabaram destruindo Moenjo-Daro, mas, aparentemente, a cidade já estava em franco declínio. Os recém-chegados trouxeram um idioma indo-europeu (ancestral distante do atual híndi da Índia, bem como do inglês e de muitos outros idiomas) e as raízes do que se transformou na religião e na cultura indiana.

Os historiadores utilizam o termo *ariano* quando se referem a um povo que substituiu a civilização do Rio Indus e deu lugar à cultura indiana, porém esta é uma palavra bastante mal compreendida pela maneira como os nazistas alemães a utilizaram, de forma errada, para se referirem aos caucasianos de pele clara. Se corretamente aplicada, a palavra ariano refere-se estritamente aos falantes do antigo idioma indo-europeu e nada tem a ver com etnias ou o tipo físico das pessoas.

Separando História de mito: As dinastias mais antigas da China

Um rio também corre pelo início da civilização chinesa — o poderoso Rio Amarelo. Por volta de 4000 a.C., as pessoas começaram a plantar (primeiro painço, depois arroz) ao longo deste que é um dos principais rios do norte da China. As lendas chinesas atribuem as origens da nação a indivíduos específicos, semimíticos, inclusive o Imperador Amarelo, de aproximadamente 2700 a.C., três reis sábios (de 2350 a.C.) e uma Dinastia Hsia, que durou até 1766 a.C. Como os historiadores não têm provas de que estes personagens não passam de lendas, eles afirmam que a casa de Shang (também chamada Yin) é a primeira dinastia a unir as cidades em guerra do Rio Amarelo no século XVI a.C.

Só na dinastia Shang, os primeiros chineses desenharam o movimento do sol e das estrelas para prever as estações, mantiveram registros astronômicos que rivalizavam com os registros feitos pelos egípcios, e criaram um calendário de 12 meses. A Dinastia Shang durou até 1027 a.C., quando foi sucedida pela Dinastia Zhou.

Isolados da Ásia Menor e da África, onde os sumérios e os egípcios inventaram a escrita, os chineses desenvolveram seus próprios símbolos pictográficos. Os arqueólogos encontraram caracteres em artefatos da Dinastia Shang que são, essencialmente, as raízes do mesmo sistema de escrita utilizado atualmente na China. Os escritos históricos chineses são maiores do que os registros de qualquer outra cultura em termos de volume, detalhes e continuidade. No período antes de Cristo, a China tem 26 grandes histórias oficiais escritas sobre as dinastias.

O Início da Era nas Américas

Por volta de 2000 a.C., existiam comunidades de bom tamanho, com prédios públicos, na América do Sul principalmente na cadeia de montanhas dos Andes, onde atualmente fica o Peru. Os arqueólogos encontraram provas de que as pessoas que viviam próximas à atual Lima irrigavam suas plantações e construíram uma pirâmide de pedra próxima a El Paraiso por volta de 1800 a.C.

Nas terras mais altas ao norte do Peru, o povo Chavín começou a construir cidades por volta de 1000 a.C. Sua cultura perdurou por 500 anos, mas eles não deixaram muitas pistas com relação à época. Os Chavíns podem ter negociado com os Olmecs, que tinham centros urbanos ainda mais antigos, datando de aproximadamente 1200 a.C., junto com o sul do Golfo do México, onde atualmente ficam os estados mexicanos de Veracruz e Tabasco. O povo Olmec deixou enormes cabeças de pedra, que podem ser o retrato de seus reis (embora não sejam muito bonitos). Eles também parecem ter transmitido sua cultura e estrutura social para civilizações posteriores e mais elaboradas, como os maias.

Mantendo Registros a Caminho da Leitura e da Escrita

Assim como a prática da agricultura levou à fundação de vilarejos, vilas e cidades, ela também fez com que surgissem outros sinais de civilização; isto é, a confecção de registros e as disciplinas, como Astronomia e Matemática.

No Egito, por exemplo, métodos de ciência prática e engenharia surgiram como maneiras de manter um controle sobre as temporadas para plantio. O rio Nilo ultrapassava seus limites em padrões anuais previsíveis, portanto os fazendeiros podiam calcular quando a água subiria. Eles estudaram o sol e as estrelas e, ao longo dos séculos, desenvolveram um calendário preciso com 365 dias em um ano. Na Mesopotâmia, considerações práticas, como manter um registro das estações, transações comerciais, criação de leis e a invenção do mais precioso aspecto da vida moderna — a burocracia governamental em larga escala — deram início aos registros. Os registros logo levaram a escritos e leituras mais generalizados, sem os quais você não poderia estar fazendo o que faz neste momento.

Planejando as pirâmides

As medidas e a Matemática foram muito úteis na construção das pirâmides do Egito, que até hoje surpreendem as mentes da engenharia. Heródoto, o grego, um historiador que viveu há mais de 2400 anos, escreveu que 100 mil homens trabalharam durante 20 anos na Grande Pirâmide do Egito, em Gizé. Pode ser um exagero, pois a Grande Pirâmide já tinha mais de dois mil anos quando Heródoto escreveu sobre ela.

Construir pirâmides e manter calendários seria praticamente impossível sem um modo de anotar as coisas. Assim como os sumérios haviam feito um pouco antes, os egípcios desenvolveram seu próprio método para registrar as informações na forma de figuras (o que é chamado de *escrita pictográfica*), que evoluiu para um tipo de escrita chamada *hieróglifos* (*medu netcher* ou "*palavras dos deuses*", em egípcio antigo). Em seguida vieram as histórias escritas, a História registrada, os poemas de amor e (pulando algumas etapas) o lixo eletrônico.

Além de ser em um modo importante dos egípcios imporem ordem ao seu mundo, os hieróglifos também passaram a ser o segredo para descobertas posteriores sobre o Egito. Falarei sobre a Pedra de Roseta, a chave do mundo moderno para decifrar os hieróglifos, em outro momento.

Criando leis e músicas românticas

Na Mesopotâmia, as pictografias sumérias (mais antigas que as egípcias) evoluíram até se transformarem em símbolos que representavam palavras, sílabas e, finalmente, fonemas. O método *cuneiforme* da Mesopotâmia, cuja técnica era passar uma ponta afiada sobre o barro molhado, espalhou-se por todo o Oriente Médio.

Assim como os hieróglifos egípcios, a escrita cuneiforme abriu novos panoramas para a História no século XIX AD, quando os estudiosos europeus descobriram o modo de ler os documentos cuneiformes, tais como editais reais e cartas comerciais. Os sumérios também escreveram músicas românticas que, com o ritmo adequado, provavelmente chegariam às paradas de sucesso atuais.

As escritas cuneiformes possuem diversos códigos legislativos. No Século XVIII a.C., o rei babilônio Hammurabi redigiu um dos códigos mais famosos. Eis uma amostra: "Se o ladrão não for pego, o homem que foi roubado deverá prestar queixa... e a cidade e seu governador devem devolver a ele tudo o que houver sido perdido".

Modelando o Mundo que Viria a Existir

Em quase todos os capítulos deste livro, você encontrará referências aos gregos que viveram entre aproximadamente 479 e 323 a.C. Suas ideias moldaram a civilização mundial, levando à ciência moderna, modelando escolas influentes de Filosofia e religião e determinando os precedentes do governo democrático.

Antes de chegar a estes gregos clássicos, você precisa saber sobre o mundo em que eles viviam, que é menos antigo do que as primeiras civilizações da Mesopotâmia e do Egito.

A construção do Império Persa

Por volta dos séculos VII e VI a.C., o Oriente Médio já engatinhava com grandes e pequenas civilizações há muitos séculos. Antes dos persas surgirem e se estabelecerem, estas civilizações eram governadas por outros conquistadores: os medes. Famosos por seus arqueiros certeiros, os medes vieram de Media (não, eles não assistiam a TV o tempo todo). Media (também chamada Medeia) ficava no norte do Irã.

Em 512 a.C., Ciro, um jovem rei persa da família Achaemenid, cansou-se de pagar tributos ao avô, o rei dos medes. Ciro reuniu suas tropas e se voltou contra o avô. Então, deu início ao Império Persa Achaemenid, que governou o oeste da Ásia durante séculos, abrangendo uma área que se estendia do oeste da Índia até o norte da África e até o leste europeu. Por volta de 500 a.C., um dos maiores reis do império, Dario I, construiu uma estrada de 2400 quilômetros de Susa, no Irã, até Éfeso, na Turquia, com estações que forneciam cavalos descansados ao longo do caminho para mensageiros (mais ou menos como fez a Pony Express na América do século XIX).

Também na Turquia, os gregos jônios independentes dos estados costeiros resistiram aos persas. Originários da Grécia, do outro lado do Mar Egeu, estes jônios falavam grego, organizaram sua sociedade nos moldes gregos e viam a Grécia, não a Pérsia, como sua terra natal. Com o apoio das cidades gregas do continente, como Atenas, eles se rebelaram contra o governo persa em 499 a.C. Dario enviou um exército para punir Atenas por ajudar na revolta, dando início às Guerras Persas. Embora os gregos tenham ganhado no final, restou o rancor, que perdurou por 150 anos, quando Alexandre, o Grande, liderou as forças gregas.

O crescimento helênico

Muito antes do Império Persa, culturas pré-históricas cresceram e floresceram na Grécia e nas ilhas do Mar Egeu, transformando-se em sociedades ricas e influentes.

Os minuanos tinham uma economia e um governo complexo em Creta e em outras ilhas da região até aproximadamente 1450 a.C., quando comerciantes minuanos sumiram repentinamente dos relatos comerciais egípcios. Os mecenas que viviam na Grécia do século XIII também tinham um governo e uma cultura sofisticada.

Ambos foram os antecessores e possivelmente os ancestrais dos gregos Clássicos — chamados *Clássicos* não por causa de seu gosto para música (Mozart só nasceria dali a muitos e muitos anos), mas porque muito do que eles pensaram, disseram e escreveram conseguiu sobreviver. As ideias, a literatura e a arquitetura grega Clássica ainda existem no século XXI AD.

Por caminhos diretos e indiretos, os gregos — principalmente sua abordagem filosófica da análise crítica do mundo — espalharam-se por todo o Mediterrâneo e, em seguida, pela História, influenciando profundamente sucessivas culturas.

Adaptando uma sociedade à situação grega

O mar e as montanhas cortam o território da Grécia, separando ao invés de unir populações dispersas. Mesmo assim, os agricultores gregos se uniram para negociar e, a partir dos mercados, construíram cidades nos vales do continente e em ilhas isoladas. Os cidadãos gregos se reuniram e viveram nestas cidades independentes, e fizeram algo incomum para sua fase histórica: eles falavam abertamente sobre a maneira como a cidade-estado independente (chamada *polis*) deveria ser governada.

LEMBRE-SE

Uma *cidade-estado* era uma cidade independente; politicamente, não fazia parte de um país. Muitas cidades-estado, no entanto, governavam terras mais amplas. Por exemplo: Atenas, uma das cidades-estado mais conhecidas da Grécia, tornou-se capital de um império no século V a.C. Os gregos eram ótimos marinheiros, e fundaram novas cidades-estado não apenas na Grécia e nas ilhas do Mar Egeu, como mostra a Figura 1-2, mas também chegaram a todas as partes do Mar Mediterrâneo. Eles se estabeleceram em lugares tão distantes quanto a Sicília e o sul da Itália. Estas cidades-estado eram uma espécie de colônia, pois preservavam a cultura e falavam grego, porém não eram coloniais do ponto de vista político. Isto é, as cidades-estado mais remotas geralmente eram tão independentes quanto as cidades-estado da Grécia. Se aventureiros da cidade-estado grega de Corinto fundassem uma cidade-estado a centenas de quilômetros de distância, esta nova cidade-estado não pertenceria, necessariamente, a Corinto.

Não eram só as cidades-estado que eram livres, os cidadãos gregos também eram, estivessem eles na Grécia, na Turquia ou na Itália. Na verdade, eles eram *relativamente* livres se comparados às sociedades imperiais, como a Pérsia. A maioria dos cidadãos era formada por pequenos fazendeiros para quem a liberdade significava que eles poderiam cultivar e comercializar seus produtos sem interferência. É claro que *cidadão* estava longe de ser um status universal; era preciso ser um homem (nunca uma mulher) com parentesco e idioma gregos para ser um cidadão (estrangeiros que não falavam grego, e cujos idiomas soassem como "blá blá blá" para os gregos, eram dispensados e taxados como *bárbaros*).

Mesmo assim, entre os cidadãos gregos livres, o costume de fazer perguntas — sobre a maneira como a cidade era governada, sobre as lendas de seus deuses ou sobre o funcionamento da natureza — levou a avanços animadores. A curiosidade alimentou a Filosofia e o pensamento sobre a natureza. Matemática, Astronomia, Física e até a Biologia se transformaram em assuntos sobre os quais foram criadas teorias e problemas a serem solucionados.

Encontrando força na cultura comum

As cidades-estado gregas construíram impérios amplamente baseados na influência e na aliança ao invés da conquista; e entraram em conflito entre si, às vezes, por motivos ideológicos. Esparta, famosa pela ferocidade militar, iniciou a longa e exaustiva Guerra do Peloponeso, que durou de 431 a 404 a.C., porque os espartanos eram contra o que viam como imperialismo por parte de Atenas — principalmente sob o governo do poderoso líder ateniense Péricles. Esparta derrotou Atenas, o centro do aprendizado e da beleza, e Tebas venceu Esparta.

Mesmo assim, atenienses, espartanos, tebanos e outros habitantes das cidades-estado gregas nunca esqueceram que eram gregos; eles falavam a mesma língua, adoravam os mesmos deuses e cresceram ouvindo os mesmos poemas épicos de Homero (*A Ilíada* e *A Odisseia* eram uma espécie de sagrada escritura, com uma saga no estilo de *Guerra nas Estrelas* e *História do Mundo Para Leigos* da época). Diferentes cidades-estado também se reuniam para as competições atléticas (a Olimpíada original) e, quando os gregos foram ameaçados pelos bárbaros, como nas guerras contra os poderosos reis persas Dario I, em 490 a.C., e seu filho Xerxes, em 480 a.C., as cidades-estado trabalharam juntas, mesmo que apenas temporariamente.

FILME

O filme *300*, de 2007, baseado em um romance gráfico popular, apresenta elementos de fantasia em sua ilustração da Batalha das Termópilas, em 480 a.C., um conflito que marcou as Guerras Persas. *300* mostra o rei de Esparta e sua força minúscula de 300 tropas enfrentando o forte exército persa de um milhão de homens de Xerxes I.

Tornando Alexandre grande

A independência feroz e contenciosa dos gregos os deixou vulneráveis pelo período entre 359 e 337 a.C., quando um rei do norte, Filipe da Macedônia, utilizou uma combinação de força militar e diplomacia agressiva para interferir em diversas cidades-estado. A Macedônia (atual República da Macedônia e a região macedônica da Grécia moderna) não era um império poderoso como a Pérsia, mas sim um país pobre e montanhoso. Mesmo assim, os gregos não conseguiram se unir contra Filipe. Ele conquistou, coagiu e negociou tratados de paz com cidades-estado até que estava em posição de se autoproclamar protetor da Grécia. Filipe transformou as cidades-estado em uma liga, que ajudou seu filho a construir o maior império até então.

A ascensão ao trono

Filipe planejava liderar os gregos contra a Pérsia como retaliação pelas invasões persas de mais de um século. Mas ele foi assassinado antes de conseguir montar a expedição. Alguns dizem que sua esposa, Olímpia, pagou para que o assassino preparasse o caminho para que seu filho, Alexandre, sucedesse o pai. Alexandre, então com 19 anos, bem-educado na guerra e na Filosofia (um de seus tutores fora o filósofo ateniense Aristóteles), uniu-se a ela e matou outros candidatos ao trono da Macedônia.

Com seu poder assegurado em casa, Alexandre rapidamente informou aos gregos que eles teriam trabalho se tentassem resistir a ele e praticamente destruiu Tebas neste processo (não confunda com a antiga capital do Egito, que também se chamava Tebas).

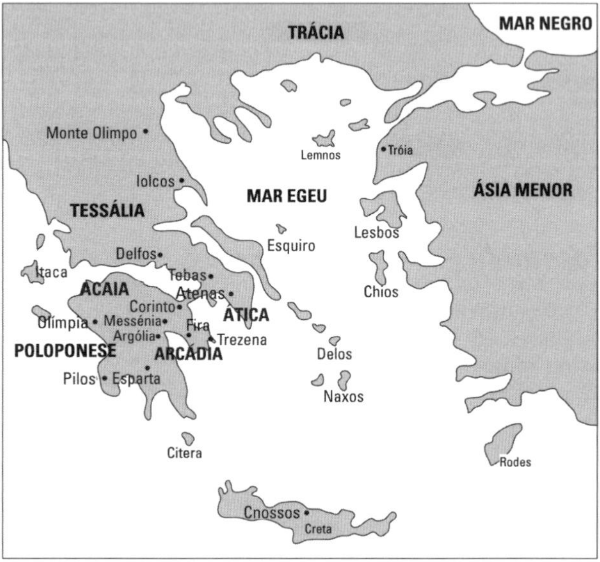

Figura 1-2: Os gregos construíram cidades-estado independentes por todo o Mar Egeu e muito além.

O épico *Alexandre*, de 2004, do diretor Oliver Stone, é uma tentativa ambiciosa de traçar toda a vida de Alexandre, o Grande, desde sua difícil relação com Filipe até seus sentimentos complexos por sua mãe, passando por suas grandes conquistas e indo além.

Estendendo um império até onde era possível

Em uma carreira marcada por uma vitória após a outra, Alexandre, o Grande, construiu um império além dos limites conhecidos pelo mundo. Em meados de 331 a.C., Alexandre e seu exército greco-macedônio derrotou duas grandes forças persas, a segunda delas liderada pelo rei Dario III.

Embora fosse um guerreiro excelente, corajoso e criativo, Alexandre não fez tudo usando força e engenhosidade. Os egípcios, conquistados anteriormente pelos persas, escolheram Alexandre como seu líder. Quando o jovem conquistador marchou para a Mesopotâmia, as antigas cidades abriram seus portões para ele e o aceitaram como rei. Quando Dario III estava fora do caminho (assassinado por seus próprios homens), os persas caíram aos pés de Alexandre e o trataram como um deus. Ele gostou disso, mas seus oficiais, não.

Alexandre marchou para além das fronteiras da Pérsia, lutando contra tribos afegãs, fundando cidades e cruzando o Himalaia. Na Índia, suas forças prevaleceram contra os elefantes do rei Porus. Finalmente, suas tropas recusaram-se a ir mais além. Retornando até a Babilônia, Alexandre morreu em decorrência de uma febre (talvez malária) aos 32 anos de idade, em 323 a.C.

O legado

A influência de Alexandre não morreu com ele. Diz a lenda que seu corpo foi preservado em mel enquanto seus seguidores passaram mais de dois anos construindo uma carruagem funerária incrivelmente ornamentada. Quando a carruagem ficou pronta, pranteadores colocaram o caixão imperial dentro dela e iniciaram uma procissão funerária muito lenta de 2400 quilômetros até a Macedônia para o enterro. No entanto, eles nunca chegaram até lá. O general de Alexandre, Ptolomeu, apontado como governante do Egito, desviou a procissão para Alexandria, uma das cidades a que o conquistador havia emprestado o próprio nome. Lá, a simples posse do corpo de Alexandre deu a Ptolomeu o status para se tornar governante. Ele fundou a Dinastia Ptolomaica do Egito, que continuou até que sua descendente Cleópatra VII suicidou-se com uma cobra em 30 a.C.

LEMBRE-SE

Uma das maiores conquistas de Alexandre é ter difundido o modo grego de questionar e pensar pelo mundo (os orgulhosos macedônios, por falar nisso, abrem uma exceção para o modo como Alexandre às vezes é citado como grego). Alexandre e suas forças, em sua maioria gregas, disseminaram o modo de ser grego. Alexandria, no Egito, era o centro da cultura *helenística*, significando que as ideias influenciadas pelos gregos e o idioma foram além das cidades-estado gregas e perduraram por muitas eras.

A racionalidade, a democracia, o individualismo, a cidadania, o debate livre e a curiosidade nascidos da Filosofia em estilo grego foram transmitidos para outras culturas. A Filosofia passou a ser a base da ciência e a abordagem científica passou a ser a principal ferramenta do mundo moderno para interpretar a realidade. Desta forma, os gregos Clássicos ainda exercem uma poderosa influência sobre a vida no século XXI.

Arredondando o Mundo

Ao longo dos milhares de anos desde o surgimento das primeiras cidades e civilizações e de sua expansão para o Oriente Médio e a Ásia, muitas outras culturas nas áreas a seguir também tiveram papéis importantes:

- **África:** Onde atualmente fica o norte da Nigéria, os Noks derrubaram florestas tropicais para obter terras cultiváveis, utilizando machados e enxadas com lâminas de ferro por volta de 600 a.C. Os Noks também eram escultores e criavam figuras realistas em terracota.
- **Irlanda, Escócia, Dinamarca, França e Espanha:** Centenas de anos antes das primeiras pirâmides do Egito, os povos da Europa ocidental construíram túmulos comuns com pedra e terra. Os exemplos sobreviventes datam de 3500 a.C.; alguns exemplares particularmente bons permanecem em Orkney, um grupo de ilhas na costa da Escócia, e em Newgrange, na Irlanda. Os europeus do final da Idade da Pedra também deixaram vilarejos inteiros construídos em pedra. Mais espetaculares ainda são os círculos de pedra chamados *megálitos* (ou "pedras grandes") construídos por estes povos. Stonehenge, o mais famoso, foi construído no sul da Inglaterra por volta de 2800 a.C.

- **Japão:** As pessoas viviam em pequenos vilarejos nas ilhas montanhosas que se transformariam no Japão por volta de 9000 a.C., a maioria perto do oceano e ao longo dos rios. Eles passaram de um estilo de vida de caçadores para agricultores, plantando primeiro vegetais e painço. Eles também eram ceramistas e seus trabalhos dão nome ao período *Jomon*. Ao final da era Jomon, por volta de 300 a.C., os ceramistas japoneses tinham uma visão mais ampla do mundo, já que haviam tomado emprestado o estilo de decoração chinês. Outra inovação chinesa, a cultura do arroz, também se espalhou pelo Japão.

Capítulo 2

A Ascensão e a Queda de Muitos Impérios

Neste Capítulo

- Conhecendo o ciclo de vida do Império Romano
- Unindo os estados em um império indiano unificado
- Unificando e organizando a China
- Estabelecendo o Império Maia e outros impérios nas Américas

As origens da cidade-estado de Roma são obscuras e perderam-se na História, isso quando não são lendas. No entanto, a História de Roma conforme ela se transformava em um dos maiores impérios que o mundo já tinha visto não é nada obscura. Nem mesmo em 20 livros deste tamanho eu conseguiria contar tudo o que se sabe sobre o Império Romano e seu povo — que dirá de seu legado.

A influente Roma deixou uma História tão grande e um marco tão duradouro no mundo que, às vezes, parece que o Império Romano foi o único grande império do século final antes de Cristo e dos primeiros séculos do *Anno Domini*. No entanto, isso não é verdade. Impérios poderosos surgiram e ruíram no Oriente Médio e na Ásia. Novos impérios surgiram na China e nas Américas, distantes e isolados da esfera romana. A expansão imperial dominou grande parte do mundo. Você saberá mais sobre alguns destes impérios e outras civilizações contemporâneas do Império Romano mais adiante neste capítulo.

E assim como outros impérios surgiram e ruíram, Roma também. Neste capítulo, você também descobrirá como Roma cresceu a partir de uma cidade-estado governada por um rei até se transformar em um império democrático e, finalmente, deteriorar-se em uma ruína política dividida e empobrecida.

Ascensão e Queda de Roma

Desde seu início lendário até sua queda, a civilização romana exerceu um poder de atração capaz de seduzir a imaginação não apenas dos historiadores, mas de todas as pessoas fascinadas por conquistas humanas, aventuras militares, intrigas políticas e tragédia. Shakespeare estava entre as pessoas que se deslumbraram pelas suas histórias, assim como eu.

Qual é a causa da atração? É possível observar a ascensão e a queda de Roma a partir de vários ângulos e imaginar sua complexidade e sofisticação; isso para não falar da crueldade e da corrupção de sua longeva cultura. Nos breves trechos que se seguem, você encontrará dicas sobre o que fascinou tantas pessoas na civilização romana.

Formação da República Romana

A lenda romana diz que o semideus Rômulo, filho do deus grego da guerra, Marte, construiu a cidade de Roma no Rio Tibre em 753 a.C. e a governou como seu primeiro rei. A lenda também diz que uma loba alimentou o bebê Rômulo e seu irmão gêmeo, Remo. Os historiadores tendem a discordar, principalmente com relação à loba, e acreditam que a fundação de Roma ocorreu um pouco mais adiante, em 645 a.C.

Embora possa nunca ter provado o leite da loba ou assassinado seu irmão gêmeo, o lendário Rômulo é tido como o primeiro dos sete reis que governaram Roma como cidade-estado (da mesma maneira que as cidades-estado gregas ao redor do Mediterrâneo) até 509 a.C., quando o rei Tarquínio, o Soberbo, contrariou seu corpo de conselheiros composto por cidadãos magistrados, o Senado Romano.

O Senado Romano mandou Tarquínio, o Soberbo, às favas e deu início a um sistema republicano de governo, criado para evitar que um tirano governasse Roma novamente. Dois *cônsules* eleitos anualmente serviam como administradores executivos sob a supervisão do Senado Romano. O sistema republicano funcionou, trazendo a estabilidade de que Roma precisava conforme passava de cidade-estado a império. E Roma prosperou.

Roma apropriou-se livremente de outras culturas — um panteão de deuses dos gregos, a democracia em estilo ateniense e a tecnologia dos trabalhos em metal de uma antiga cultura indiana, os etruscos. Mesmo assim, a civilização romana aprimorou tudo aquilo que tomou de empréstimo de modo que não é possível superestimar seu impacto em seu tempo e desde então. Como a influência de Roma é sentida hoje? De todas as formas. Primeiro, o idioma romano, o latim, é a base não apenas do italiano, mas também do francês, do espanhol, do português e do romeno. O latim também deixou uma marca profunda em idiomas não latinos, como o inglês. Mesmo quando caiu em desuso, o latim continuou sendo linguagem comum de aprendizado, principalmente na medicina e na ciência.

Obtendo a cidadania

Os romanos viviam em uma sociedade estratificada, organizada em classes. Oportunidades e empregos eram definidos estritamente pelo nascimento — assim como acontecia em muitas outras culturas dominadas pela aristocracia privilegiada. Porém, os costumes romanos também ofereciam maneiras de melhorar seu status ou o de seus filhos.

Roma permitia que estrangeiros e escravos se tornassem cidadãos. Era uma oportunidade altamente limitada para os padrões modernos, mas bastante evoluída para a época. Oferecer aos que haviam nascido humildes e aos conquistados uma chance de inclusão na sociedade ajudava o Império Romano a conquistar a lealdade do povo, o que auxiliou muito no crescimento e na resiliência de Roma.

A democrática Atenas, na Grécia, não oferecia oportunidades como esta para estrangeiros. Em uma cidade-estado grega, um escravo poderia ser libertado, mas o melhor que ele poderia esperar era uma permissão de residência para estrangeiros. Ele provavelmente não seria leal a um estado que o excluía (isso servia só para os homens, as mulheres nem sonhavam com a cidadania). Quando a guerra começou, os residentes estrangeiros não se uniram à causa.

Por que eles eram tão exclusivistas? Os gregos valorizavam a *pureza grega* e não respeitavam aqueles que não falavam seu idioma, nem adoravam seus deuses. Mas a exclusão também era econômica. As cidades-estado da rochosa Grécia geralmente tinham poucos recursos, principalmente na agricultura. Conceder a cidadania significava aumentar o número de pessoas com direito a comida. Tornar os escravos cidadãos era caro demais e também significava aumentar o número de eleitores, o que poderia gerar mudanças de poder indesejadas.

Na fértil Itália, por outro lado, a comida era relativamente abundante, portanto as cotas não eram um problema. Além disso, eram as votações em bloco, e não os votos individuais, que decidiam as eleições romanas, então um voto a mais em um bloco tinha pouco impacto.

Roma oferecia aos escravos a possibilidade real de ganhar a cidadania, mas somente para a classe mais baixa: a dos *plebeus*. No entanto, eles podiam esperar que seus filhos ascendessem a uma classe mais alta. Além disso, Roma uniu outras cidades ao seu império, agregando povos conquistados. Os oficiais romanos sustentavam os aristocratas locais de províncias recém-tomadas, fazendo com que eles se tornassem dependentes do apoio de Roma. Os homens do país derrotado eram alistados para o próximo conflito e recompensados com parte dos lucros da conquista praticamente inevitável; a lealdade era lucrativa.

Expandindo o império

Por volta do século III a.C., Roma tinha apenas um grande rival no oeste do Mediterrâneo: a cidade de Cártago, um porto comercial grande e rico no norte da África.

Antes de 1000 a.C., os fenícios partiram do que atualmente é o Líbano para expandir as oportunidades comerciais e encontraram Cártago, atual Tunísia, em 814 a.C. Por volta de 600 a.C., Cártago tornou-se tão rica e populosa que expulsou o governo fenício.

Cártago e Roma travaram três Guerras Púnicas entre 264 e 146 a.C. (*Púnica* vem do latim *Punicus*, que significa "fenício"). Cártago deveria ter desistido quando estava em vantagem. Na primeira destas guerras, Roma conquistou a ilha da Sicília, sua primeira província ultramarina. Na segunda Guerra Púnica, Cártago perdeu o restante de seus territórios e se transformou em um aliado dependente de Roma. A aliança não foi nada tranquila e levou à terceira Guerra Púnica, quando Roma destruiu Cártago.

A leste, Roma lutou contra os reinos helenísticos, que eram nações influenciadas pelos gregos, criadas a partir do império de Alexandre. Os romanos tomaram a Macedônia, a Grécia, a Ásia Menor e a costa leste do mar Mediterrâneo, incluindo Judá, fundada pelo líder judeu Judas, o Macabeu, em 168 a.C. Os romanos saquearam Jerusalém em 63 a.C. e fizeram dela a capital da Judeia romana.

LEMBRE-SE

O império expandiu-se ao norte para a Gália, chegando aos rios Reno e Danúbio, e tornou-se tão grande que administrar um território de tal dimensão ficou muito difícil para a república, com seu governo volumoso e geralmente contencioso. O tumulto abriu espaço para que um gênio militar chamado Caio Júlio César desse um passo à frente.

Ultrapassando os limites

Caio Júlio César (mais conhecido como Júlio César) era um aristocrata romano de uma das famílias mais antigas da república. Como comandante militar, suas conquistas estenderam o crescente domínio romano, e ele era ambicioso tanto com relação a si mesmo quanto ao seu país.

No século I a.C., Roma precisava desesperadamente de um líder. Décadas de paz desconfortável, rivalidades políticas ferozes e rancores espalhados por toda parte depois de uma série de guerras civis. Os políticos que brigavam pelo poder deixaram o Senado Romano impotente. Em 60 a.C., três líderes formaram o Primeiro Triunvirato, ou "regra dos três", para restabelecer a ordem. Na verdade, este foi um acordo não oficial mantido inicialmente em segredo, mas o triunvirato dominou a política romana por grande parte de uma década. Os três membros eram Marco Licínio Crasso, Cneu Pompeu Magno (mais lembrado como Pompeu) e Júlio César, o mais jovem. César era muito temido pelos políticos que se opunham ao Triunvirato, em parte porque era sobrinho de Caio Mario, que por sete vezes havia sido *cônsul*, o posto administrativo mais alto do governo romano (um cônsul era mais ou menos uma mistura entre o primeiro-ministro e o procurador geral).

As vitórias de César nas Guerras Gálicas (58-50 a.C.) ampliaram os limites do império até a costa atlântica da Europa. Ele também liderou a primeira invasão de Roma à Inglaterra em 55 a.C. No entanto, enquanto Júlio César estava fora, Crasso morreu e o Primeiro Triunvirato se desfez. Pompeu tentou consolidar seu próprio poder, passando a ser rival de César, e não seu aliado.

Retornando a Roma em 49 a.C., César iniciou outra guerra civil, desafiando uma lei que declarava que as tropas romanas deveriam ficar ao norte do Rio Rubicon, onde atualmente é o norte da Itália. A lei pretendia evitar que um líder militar assumisse a república à força. César cruzou o rio com suas tropas e lutou contra outros líderes romanos pelo poder absoluto em batalhas que continuaram até 45 a.C. (desde então, *Rubicon* passou a significar "ponto sem volta"). Com seus rivais derrotados, César assumiu o título de "Ditador Democrático".

César não foi, tecnicamente, um imperador, mas seu reinado marcou o final da república romana e o início de uma era de imperadores. As famílias que governavam Roma não aceitaram muito bem o fato. O ditador apreciava elogios elaborados e tributos formais, fazendo com que seus inimigos pensassem que pretendia não apenas um status de realeza, mas também uma espécie de divindade imperial. Muitos romanos não gostavam do que César estava fazendo com a república e ainda falavam de Tarquínio, o Soberbo, o último rei romano, e sobre como o Senado Romano o havia expulsado. Dois senadores, Brutus e Cássio, planejaram o assassinato de César e foram bem-sucedidos.

O inglês William Shakespeare escreveu uma ótima peça sobre a queda de César 1600 anos após o acontecimento. As expressões "Cuidado com os idos de março" ou "Amigos, romanos, patrícios emprestem-me seus ouvidos" são citações de trechos de *Júlio César*, de Shakespeare. O diretor Joseph L. Mankiewicz fez uma versão para o cinema em 1953 com o grande astro das telas nos anos 1950, Marlon Brando, e o peso-pesado shakespeariano John Gielgud. O filme não é tão divertido quanto uma boa produção da peça nos palcos, mas poderia ser muito pior. Adaptações mais recentes para o cinema foram feitas em 1970 e 1979. No entanto, não aceite a peça ou os filmes sobre Júlio César como a verdade absoluta. Shakespeare era um excelente dramaturgo, mas não era historiador.

Muitos anos de guerra civil se seguiram após o assassinato de César. O primo de César, o general Marco Antônio, ficou em posição de assumir o poder supremo. Mas seu formidável rival, o sobrinho-neto e filho adotivo de César, Otaviano, chegou ao topo em 31 a.C. com uma vitória sobre as forças combinadas de Marco Antônio e sua esposa, a rainha do Egito, Cleópatra, em Áccio, próximo à costa grega.

Dando poder ao imperador

Assim como seu antecessor, Otaviano não chamou a si mesmo de rei ou imperador, embora fosse o incontestável governante do mundo romano. Ao invés disso, adotou o modesto título de *Pincipate*, ou "primeiro cidadão". Sua modéstia teria parecido sincera caso ele não tivesse solicitado que o Senado o renomeasse como *Augusto*, que significa "elevado". Augusto já havia adotado o nome de família de César. Tanto Augusto quanto César tornaram-se títulos transmitidos a sucessivos imperadores romanos.

Augusto reduziu o expansionismo desenfreado dos últimos dias da república e determinou limites territoriais: os rios Reno e Danúbio na Europa, e o rio Eufrates na Ásia. O império era estável. Ele não anexou nenhum território até tomar a Inglaterra em 44 AD. Depois, em 106 AD, o Imperador Trajano, sedento por ampliar seu território, tomou a Dácia (atual Romênia) e a Arábia.

Caminhando para o leste

Os imperadores governaram Roma por mais centenas de anos, enquanto dinastias surgiram e ruíram e a pressão ao longo das fronteiras exigia vigilância. Reduzir a expansão diminuiu o conflito, mas não deteve as incursões externas.

A pressão maior era sempre na fronteira formada pelos rios Reno e Danúbio. Sucessivos imperadores romanos precisaram concentrar recursos naquela região, direcionando o foco administrativo mais para o leste. No século III AD, o Imperador Diocleciano construiu uma nova capital oriental, Nicomédia, na Ásia Menor, onde atualmente fica a cidade turca de Izmit. Em 324 AD, o Imperador Constantino também criou sua capital, Constantinopla (onde atualmente fica Istambul, Turquia), no leste. Ele construiu *Nova Roma*, como Constantinopla era chamada, no lugar de uma antiga cidade bizantina do Bosporus, o canal que liga o Mar Negro ao Mediterrâneo. Concluindo o projeto em 330 AD, o imperador renomeou a cidade com seu próprio nome.

Constantino tornou-se o primeiro imperador cristão, encerrando um século de perseguições contra aqueles que seguiam a nova religião. Os cristãos eram relativamente poucos até o século III e eram, em sua maioria, ignorados, porém, em 235 AD, a Dinastia Severiana ruiu e o Império Romano entrou em um período de 50 anos de caos. O Imperador Décio, procurando bodes expiatórios, começou a cercar e assassinar um número cada vez maior de cristãos. Seu sucessor, Valério, fez mais ou menos a mesma coisa. Os góticos mataram Décio e os persas capturaram Valério em atos que os cristãos viam como retribuição divina. Talvez os imperadores pensassem a mesma coisa. Os romanos eram muito supersticiosos e a má sorte convenceria até mesmo um imperador de que forças sobrenaturais estavam contra ele. A perseguição aos cristãos cessou por um tempo e o cristianismo ganhou muitos adeptos.

Foi Diocleciano, um soldado croata que se tornou imperador em 284 AD, quem colocou o Império Romano de volta nos trilhos. Depois disso, Diocleciano recomeçou a perseguir os cristãos.

Como ele restaurou a ordem? Ele dividiu o império em dois, da seguinte forma:

- **O Leste:** Diocleciano tomou a metade rica e saudável do leste do Império Romano para si, baseando sua nova capital na Turquia.
- **O Oeste:** Diocleciano colocou o general responsável pela Gália, Maximiano, para governar a metade oeste do Império Romano.

Tanto Diocleciano quanto Maximiano tinham o título de *Augusto* e outros dois governantes, Constantino e Galério, receberam o título menor, de *César*. Quando Constantino morreu, seu filho, Constantino, mais tarde chamado de Constantino, o Grande, assumiu e, por fim, conquistou o controle de todo o império. No entanto, a reunificação não foi duradoura, principalmente pelo fato de Constantino também basear-se no leste. A divisão de Diocleciano havia aberto um precedente.

MARCO

Constantino fez muito mais pelos cristãos do que apenas acabar com a perseguição. A partir de 331 AD, ele enriqueceu a Igreja:

- Pegando os tesouros dos templos pagãos e gastando-os em novas e magníficas igrejas cristãs desde a Itália até a Turquia e Jerusalém.
- Distribuindo dotes gigantescos. Autorizando os bispos a sacarem os fundos imperiais como forma de reparação pelos anos de animosidade.

Estes movimentos ajudaram a estabelecer a Igreja como uma instituição rica durante muitos séculos. Em 391 AD, o sucessor de Constantino, Teodósio I, acrescentou um toque final proibindo a adoração pagã no antigo estilo romano.

Um resultado da mudança de poder foi que o Senado Romano foi algumas vezes relegado ao status de conselho municipal. É verdade que Roma era uma cidade bem grande para ser supervisionada, mas o poder estava onde o imperador estava (ou onde os imperadores estavam). A metade oeste de Roma pouco a pouco deixou de ser um império e, portanto, ficou cada vez mais vulnerável às invasões das tribos bárbaras pelo norte — hunos, vândalos, visigodos, ostrogodos e muitos mais.

Por volta de 400 AD, Teodósio tinha um senado em Constantinopla e uma equipe de dois mil burocratas. Também mais ou menos na mesma época, os coletores romanos de impostos não podiam movimentar-se pela Europa sem escolta militar. Os visigodos saquearam Roma em 410 AD.

O império ocidental vira História

Com seu território oriental tomado por bárbaros e piratas, o Império Romano não era mais o mesmo. Em 439 AD, os vândalos avançaram para o norte da África, que pertencia a Roma, capturando Cártago, a antiga capital fenícia, que havia se transformado em uma das principais cidades do Império Romano Ocidental. O outrora poderoso império ocidental não foi capaz de defender seu valioso centro comercial.

Enquanto o Império Romano do Ocidente entrava em declínio, o governo imperial de Constantinopla sinalizava os tempos de mudança declarando o grego, e não o latim, como a língua oficial da capital. O latim era o idioma do ocidente, de Roma. O grego era o idioma do leste Mediterrâneo, o novo centro da ascendência romana. Assim como o Império Bizantino, este ramo oriental do Império Romano persistiria por mais mil anos.

A administração romana no oeste resistiu até 476 AD, mas sem autoridade. Quando os líderes bárbaros conseguiram se aproximar do último imperador a sentar-se no trono romano, um pobre jovem chamado Rômulo Augusto (um nome que lembrava seus grandes antecessores), eles não se importaram em matá-lo. Também conhecido pelo diminutivo Augustulo, ele não foi considerado importante o bastante.

O legado de Roma atravessou o Mediterrâneo, o Oriente Médio, a Europa e as Américas, além de lugares distantes afetados culturalmente pelos europeus — uma grande área que abrange as Filipinas, a África do Sul (e grande parte do restante do continente africano), a Austrália e, possivelmente, o mundo todo.

Roma e a Igreja Católica Romana

Quando Roma deixou de ser a capital imperial, seu nome permaneceu por tanto tempo na mente das pessoas que continuou a significar poder e a possuir uma aura de legitimidade. Isso aconteceu, em parte, porque a Igreja manteve sua sede lá, mas a Igreja estava em Roma por causa do que Roma tinha sido em seu auge político — o centro do mundo ocidental.

Os romanos não foram os primeiros cristãos. Na verdade, os romanos transformaram os primeiros cristãos em comida de leões só por diversão. Porém, quando o Império Romano foi oficialmente convertido ao cristianismo, ele promoveu, fortaleceu e espalhou a religião pela Europa, pelo oeste da Ásia, pelo norte da África — para todos os lugares que pertenciam ao império. A Igreja ganhou riqueza e poder sob a proteção dos imperadores romanos.

Roma tornou-se a capital do cristianismo ocidental e ainda é o lar da Igreja Católica Romana. No entanto, ironicamente, quando o cristianismo tornou-se a religião oficial de Roma, o Império Romano havia concentrado suas energias longe dali.

Além de seu papel como raiz das Línguas Românicas (italiano, francês, espanhol e outras), o latim era o idioma comum da Igreja Católica Romana, que, para os romanos e outros cristãos europeus antes do século XVI AD, era apenas a Igreja — a única que existia. Após a Reforma Protestante e até meados do século XX, as missas católicas de todo o mundo eram rezadas em latim.

O Sagrado Império Romano não deve ser confundido com o Império Romano. O Sagrado Império Romano foi uma confederação bastante posterior de principados e ducados europeus que teve suas formas e suas alianças alteradas com o passar dos séculos. Porém, ele obteve o nome Romano devido ao respeito que os europeus medievais ainda tinham pelo conceito do poder romano. Este segundo império teve início em 800 AD, quando o Papa Leão III concedeu o novo título de Imperador do Ocidente a Carlos Magno, rei dos francos e primeiro governador desde a tentativa do Império Romano original de unificar grande parte da Europa Ocidental sob um único governo. O império de Carlos Magno, baseado onde atualmente fica a França, não sobreviveu por muito tempo após sua morte, mas o rei germânico Otto I criou um novo Sagrado Império Romano em 962 AD, que perdurou até o século XIX. Além da bênção do Papa, este império, que uniu terras germânicas e austríacas, pouco tinha a ver com Roma. Mesmo assim, o nome *Romano* transmita um toque de legitimidade imperial.

Outros termos romanos também resistiram, principalmente aqueles que se referiam a posições de autoridade. O título russo *czar* (ou *tsar*, como geralmente é escrito) e o alemão *kaiser* vieram do título romano *caesar*. O nome de uma poderosa família que governou a Rússia de 1613 a 1917, os *Romanovs*, também faz referência à Roma imperial. Até mesmo no mundo islâmico, o nome *Qaysar* — um topônimo encontrado do Afeganistão ao Egito — vem de *Caesar*.

Construindo Impérios pelo Mundo

Após a morte de Alexandre, o Grande, em decorrência de uma febre repentina em 323 a.C., seu vasto império desintegrou-se quase que imediatamente. Sem Alexandre, não havia nada que unificasse lugares tão dispersos e diferentes como a Macedônia, o norte da Índia e o Egito — todos eles parte do território de Alexandre.

No entanto, a queda do império de Alexandre deu origem a novos impérios — não tão grandes, mas mesmo assim impressionantes. Muitos deles foram fundados pelos antigos governantes militares de Alexandre.

LEMBRE-SE

Alexandre foi um conquistador, não um administrador. Ele não podia governar pessoalmente todas as terras que conquistava — principalmente enquanto liderava novas campanhas militares — então apontava vice-reis para governar em seu nome. Estes governantes assistentes acabaram sendo os principais comandantes militares de Alexandre.

Com a morte de Alexandre, os generais ficaram livres para transformar seus territórios, que até então cuidavam em nome de seu chefe, em reinos pessoais. Embora o Império Romano, o maior e mais influente império a surgir após Alexandre, tenha surgido inicialmente como uma cidade-estado e embora o Mediterrâneo estivesse cheio de cidades-estado bem-sucedidas, o poder imperial era o modelo para o governo em larga escala dos últimos séculos do período antes de Cristo e o início do *Anno Domini*.

Governando a Pérsia e a Pártia

Seleuco foi o general macedônio que Alexandre, o Grande, deixou responsável pela Pérsia (grande parte do que atualmente é o Irã) nos anos 330 a.C. em seu apogeu, por volta de 480 a.C., O Império Persa era imensamente poderoso, mas estava em declínio quando Alexandre o acrescentou à sua coleção de reinos. Mesmo assim, havia um precedente de governo imperial na Pérsia, e Seleuco tirou proveito disso levando os oficiais persas para governar macedônios e gregos, além de usar suas tropas para manter a ordem. Ele conseguiu transformar-se em rei; não era mais um vice-rei dependente do poder de Alexandre, o Grande, para apoiá-lo.

Os descendentes de Seleuco, a Dinastia Selêucida, governou uma parte da Ásia que se estendia de Anatólia (a parte asiática da atual Turquia) até o Afeganistão. O governo de Seleuco perdurou até que um rival regional poderoso, os partianos, conquistou a Pérsia no século II a.C.

A ascensão dos partianos data de 250 a.C., quando o líder Arsaces, da Ásia central, fundou Pártia no leste da Pérsia. Seu descendente, Mitridates I, empreendeu uma campanha para construção de um império próprio entre aproximadamente 160 e 140 a.C., reunindo terras desde o Golfo Pérsico até o Mar Cáspio, e a leste, até a Índia.

O objetivo de Mitridates era recriar o Império Persa governado por Dario I mais de 300 anos antes. Alexandre e seus sucessores substituíram a cultura persa pela cultura grega — uma mudança chamada *helenização*, porque os gregos chamavam a si mesmos de *helenos*. Mitridates reverteu a helenização e restaurou tudo o que era persa. O Império Partiano durou até 224 AD, quando um soldado chamado Ardashir, membro de uma nobre família persa chamada Sassanid, rebelou-se contra o rei e o matou. Assim como os partianos, a Dinastia Sassanid era o principal inimigo de Roma no leste, e durou até que os árabes muçulmanos conquistaram a Pérsia em aproximadamente 642.

Os impérios da Índia

As fronteiras políticas da atual Índia e Paquistão mudaram algumas vezes desde 300 a.C. até 400 AD, época em que surgiu o primeiro império indiano unificado — o Mauriano — e a era de ouro da Índia sob a Dinastia Gupta.

Dando o troco em Alexandre, o Grande

Em 322 a.C., um nobre chamado Chandragupta Maurya (às vezes escrito Candra Gupta Maurya) reverteu a conquista da Índia por Alexandre, o Grande, liderando uma revolta bem-sucedida contra os governantes de Alexandre em Punjab (atual Paquistão, a noroeste da Índia). Ele também tomou Magadha, o principal estado do nordeste da Índia, e formou a maior força política indiana que já existiu, o *Império Máuria*. Seleuco, o general que se tornou rei da Pérsia após a morte de Alexandre, tentou invadir o império pelo oeste em 305 a.C., mas Chandragupta o derrotou e estabeleceu um tratado que colocava as fronteiras da Índia ao longo das altas Montanhas Hindu Kush (as Montanhas Hindu Kush são uma extensão da cadeia do Himalaia, a mesma barreira que Alexandre precisou cruzar quando invadiu a Índia).

O filho e o neto de Chandragupta expandiram o império, principalmente ao sul, mas a guerra deixou o neto, Asoka, doente. Após as vitórias iniciais, ele se transformou em um budista devoto, dedicado à paz entre os povos e as nações. Ao invés de tropas, enviava missionários para vencer em Burma e no Sri Lanka.

Chegando à idade dourada

Após a morte de Asoka, em 238 a.C., seus sucessores provaram ser menos capazes de manter o grande território unido e o Império

Máuria entrou em declínio. Um ambicioso rival da família Sunga assassinou o último rei de Máuria, Birhadratha, em 185 a.C. e tomou o poder. A resultante Dinastia Sunga não conseguiu evitar que o subcontinente se dividisse em diversos reinos e repúblicas independentes, mais ou menos o que aconteceria durante o período medieval pelo qual a Europa logo passaria.

Então, outro líder, outro Chandragupta, unificou a Índia novamente aproximadamente 600 anos após os maurianos. O novo poder transformou-se no *Império Gupta*, que reuniu uma grande riqueza através do comércio amplamente distribuído e de um governo inteligente, e também atingiu o maior florescimento cultural que a Índia já havia vivenciado.

MARCO

Conhecido como Chadragupta I, este conquistador deu início ao reino de Magadha em 320 AD, colocando os reinos vizinhos sob sua influência através da força e da persuasão. Ele ressuscitou muitos dos princípios de governo humanitário de Asoka. Assim como muitos romanos, ele colocou os líderes locais para trabalharem para ele ao invés de matá-los ou aprisioná-los; apoiou autoridades regionais e fez com que elas se tornassem dependentes de sua administração. Este modelo de governo indiano funcionou por um bom tempo. Até mesmo os britânicos utilizaram este modelo para governar a Índia no século XIX.

Chandragupta teve sucessores bastante capazes, inclusive seu filho, Samudragupta, que ampliou o território Gupta ao norte e a leste. O neto, Chandragupta II, um grande patrono das artes, governou de 376 a 415 AD e gastou o dinheiro coletado com os impostos para promover a arquitetura, a pintura e a poesia. A era Gupta deu à Índia muitos templos e palácios gloriosos, bem como a escultura, a música, a dança e a poesia.

Os Guptas não estavam livres de inimigos. Os hunos da Mongólia e do norte da China invadiram a fronteira norte da Índia no século V. Nos anos 480 AD, após a morte do último rei Gupta, os hunos tomaram o norte.

Unificando a China: Sete em Qin

Dividida em sete estados em guerra, a China foi uma bagunça entre 485 e 221 a.C. Então, o rei de um destes estados, um lugar conhecido como Qin, surgiu como líder dominante. Ele unificou a China pela primeira vez, derrotando seus rivais e consolidando seus territórios em um Qin ainda maior, e chamou a si mesmo de *qin shi huangdi* ou *Qin Shihuangdi*, que significa "o Primeiro Imperador de Qin", o que sugere que já imaginava que outros imperadores o sucederiam. Ele estava certo. De Qin, que também pode ser escrito *Chi'in*, surgiu o nome *China*.

Qin Shihuangdi desempenhou bem seu trabalho. Ele pode ter se inspirado no grande construtor de estradas persa Dario I, pois, assim como Dario, construiu uma estrada de 2400 quilômetros; Qin Shihuangdi uniu as diversas muralhas de proteção na fronteira norte da China em uma Grande Muralha. Seus sucessores continuaram trabalhando na muralha até que ela atingiu mais de 4000 quilômetros de extensão; ilustrada na Figura 2-1.

Qin Shihuangdi também construiu estradas e canais de maneira desenfreada e, a partir de sua base no norte, conquistou o sul da China. Ele se livrou do feudalismo e desarmou os nobres, dividindo o país em 36 distritos militares, cada um com um administrador, e utilizando sua influência para reformar pesos e medidas e padronizar tudo, desde a escrita chinesa até o comprimento dos eixos das carroças.

O imperador cuidou de si mesmo e de suas posses construindo um complexo palácio que dobrou de tamanho para abrigar milhares de pessoas. Ele também uniu centenas de palácios menores através de uma malha rodoviária. A partir disso, podemos concluir que ele não gostava de ficar sozinho e, talvez, isso comprove o que os pesquisadores encontraram depois de abrirem seu túmulo em 1974 — sete mil guerreiros esculpidos em terracota em formação de batalha, prontos para proteger seu rei. Com os rostos pintados e vestindo uniformes, as esculturas ainda seguram armas de verdade. Cocheiros de terracota conduziam carruagens reais puxadas por cavalos de terracota.

Figura 2-1: Qin Shihuangdi iniciou o trabalho de união para defesa que resultou na Grande Muralha.

© Adam Jones/Getty Images

Não existe qualquer autenticidade histórica no filme de ação/terror/comédia *A Múmia: Tumba do Imperador Dragão*, de 2008. No entanto, os produtores parecem ter sido inspirados pelo exército esculpido de Qin Shihuangdi. O filme traz Brendan Fraser lutando contra dez mil soldados de terracota, comandados por um malvado e imortal rei chinês da antiguidade. O produtor de Hong Kong, Ching Siu, também utilizou o exército de terracota em sua aventura/comédia de 1990, *A Terra Cotta Warrior* (sem título em português), sobre um guardião de Qin que se transforma em um soldado de argila, mas ressuscita na década de 1930 para proteger o imperador de ladrões de túmulo.

O primeiro imperador chinês morreu em 210 a.C. e sua dinastia não durou muito tempo, porém a família que surgiu como governante apenas quatro anos mais tarde, em 206 a.C., foi inteligente o suficiente para não desfazer o trabalho de Qin. Baseando-se nas reformas de Qin Shihuangdi, os governantes da *Dinastia Han* reinaram até 220 AD.

O florescimento das civilizações nas Américas

Durante a era romana, toda a ação não se concentrava apenas na Europa. Os impérios também surgiram nas Américas.

Compartilhando com os Maias

A cultura maia tomou forma por volta do ano 1 AD na América Central, chegando ao ápice por volta de 300 AD e vivenciando o que os historiadores chamam de seu Período Clássico até aproximadamente 900 AD, quando entrou em um longo declínio.

Nas florestas tropicais da Península de Yucatán, em uma área que se estendia entre o atual sul do México, Guatemala, norte de Belize e oeste de Honduras, os maias construíram invenções e desenvolveram ideias em culturas próximas, como a Olmec. Os maias também compartilharam aspectos de sua cultura com os toltecas, do norte do México, cuja grande cidade de Tula (cerca de 65 quilômetros ao norte da atual Cidade do México) se estendia por 20 quilômetros quadrados e tinha uma população de aproximadamente 60 mil pessoas.

Os maias desenvolveram a Astronomia, um calendário sofisticado e uma técnica de escrita similar aos hieróglifos egípcios. Eles construíram cidades enfileiradas em grades retangulares perfeitas, além de templos em forma de pirâmides em cidades cerimoniais, como Copan, Palenque e Tikal. Tanto as cidades quanto os templos agora são ruínas para estudo dos arqueólogos e exploração (e escaladas) dos turistas.

Uma classe elitista de padres e nobres governava a maioria, que se espalhava pelas clareiras da floresta. Os especialistas modernos ainda não determinaram por que os maias abandonaram suas cidades, embora o declínio ambiental pareça ter sido um fator determinante.

Construções no Peru

Mais ao sul, uma cultura chamada Paracas fixou raízes em aproximadamente 750 a.C. em uma península da costa sul do Peru. O que se sabe sobre os Paracas vem apenas de provas arqueológicas. Aparentemente, durante seu ápice, que ocorreu do século I a.C. até o século IV AD, esta civilização agricultora construiu grandes canais de irrigação.

Os Paracas tinham muita habilidade com tecidos, um fato ilustrado pelos tecidos lindamente bordados encontrados enrolando os corpos mumificados de seus mortos. Os arqueólogos referem-se a um grande complexo litorâneo de túmulos Paracas como a *Necrópole Paracas*, que significa "cidade dos mortos".

Nos vales secos do rio, no interior da costa sul do Peru, a cultura Nazca parece ter surgido por volta de 200 a.C., talvez como uma ramificação dos Paracas. Assim como aconteceu com os Paracas, grande parte do que se sabe sobre a cultura Nazca vem da interpretação de artefatos como tecidos e cerâmicas coloridas.

Com base nestas evidências, os arqueólogos acreditam que a cultura Nazca teve o apogeu de sua civilização entre 200 a.C. e 500 AD. Suas enormes gravuras na terra, desenhos que atualmente podem ser vistos do alto, são citadas como prova de visitantes interplanetários de muito tempo atrás. Os teóricos afirmam que as figuras só podem ser vistas do céu e que seriam pontos de pouso para naves espaciais alienígenas. Os arqueólogos que estudam a cultura Nazca dizem que as figuras podem, na verdade, ser vistas das montanhas e que as linhas dos desenhos são, muito provavelmente, caminhos de rituais que faziam parte da religião Nazca. Os cientistas rejeitam a antiga teoria astronauta e afirmam que ela não faz sentido.

Surgindo um pouco depois da cultura Nazca, no século I AD, nos vales férteis da costa norte do Peru, a cultura Moche deve ter sido parecida com a Grécia Clássica, pois parece ter sido composta por cidades-estado independentes, unidas por um idioma e uma religião comuns.

Embora os maias tivessem hieróglifos, os Paracas, os Nazca e os Moche não deixaram provas de qualquer linguagem escrita.

Percorrendo o Restante do Mundo

Durante o longo período entre o início e a queda do Império Romano, outras culturas de todo o mundo passaram por suas próprias mudanças.

- **Os Aksum:** No nordeste da África, onde atualmente fica a Etiópia, o povo Aksum construiu um império que ficou rico depois de 200 AD através do comércio com lugares tão distantes quanto a Índia. O povo Aksum se converteu ao cristianismo no século IV AD e espalhou a nova religião para os povos vizinhos.
- **Os celtas:** Um povo tribal com habilidades sofisticadas para o trabalho em metal, mas sem uma linguagem escrita, os celtas expandiram seu território europeu a partir Europa central nas direções oeste e sul. Por volta do século V a.C., eles dominavam a Gália (atual França), a Inglaterra, a Irlanda, grande parte da Escócia e partes da Espanha. Por volta do século III a.C., os celtas se espalharam pelos Bálcãs. Eles criavam belas joias e ornamentos em ouro. Em alguns lugares, os celtas construíram grandes fortes nos topos das montanhas e lutaram contra legiões romanas quando o império absorveu a Europa. Mais tarde, os celtas lutaram contra os bárbaros, que acabaram com seu território nos primeiros séculos AD.
- **Os japoneses:** Ao descobrir como minar e fundir o ferro, os japoneses entraram para a Idade do Ferro em algum momento do século III AD. Eles enterravam seus imperadores e outros nobres junto com suas armas e outros objetos de valor em pequenos montes de pedra e terra.

Capítulo 3

A Crise de Meia-idade da História: A Idade Média

Neste Capítulo

- Exercitando os músculos do Império Romano em Constantinopla
- Conhecendo a fúria dos bárbaros e dos vikings
- Seguindo os Bantus pela África
- Unindo os árabes e construindo impérios
- Voltando à Índia

Idade Média e *Medieval* significam a mesma coisa: uma era entre eras. A Idade Média na Europa ocidental foi o período entre a queda do Império Romano Ocidental (oficialmente em 476 AD, embora não houvesse muita coisa do império para cair nesta época) e a Renascença do século XIV.

LEMBRE-SE

Chamar este período de Idade Média não significa que nada aconteceu na Europa ocidental entre os séculos V e XIV. Não existe um espaço de 900 anos em que nada tenha acontecido. Significa apenas que a Idade Média está espremida entre duas eras aparentemente mais monumentais — o Império Romano e a Renascença.

Conforme explicarei neste capítulo, na atual Turquia e em uma enorme região ao seu redor, a História não ocorreu entre duas grandes eras durante a Idade Média, mas bem no meio de uma grande era: a do Império Bizantino. Outros impérios também tiveram seu apogeu nestes mesmos séculos, a Índia também floresceu e os árabes conquistaram muitas terras, inspirados por sua nova religião, o islamismo.

No entanto, no que costumava ser o Império Romano do Ocidente, a autoridade civil que lá existia foi descentralizada. As cidades já não eram mais tão importantes quanto antes, e a economia passou a ser mais rural e local do que comercial e baseada no escambo. As autoridades seguiam as complicadas regras da lealdade feudal, então, ao invés de depender da hierarquia imperial, os vassalos locais serviam aos seus senhores em troca de favores e proteção (a exceção era a monolítica Igreja, extremamente poderosa e ainda baseada em Roma).

A Idade Média refletiu os povos que a criaram, os diversos grupos bárbaros — hunos, góticos, avaros e outros — cujas migrações para a Europa e constantes invasões levaram à queda de Roma. Os descendentes dos bárbaros permaneceram na Europa pós-Roma, misturando-se e brigando entre si e com os descendentes dos europeus. Estes descendentes formaram as bases das nações modernas, enfrentando novas ondas de invasores do norte — os vikings — e conquistadores do leste e do sul, árabes e mouros. Os senhores locais cada vez mais precisavam unir forças, dependendo da aliança com um rei forte, que poderia uni-los para que defendessem dos atacantes.

Enquanto os bárbaros saíam da Ásia, outras populações continuavam chegando — e não apenas à Europa. Inúmeras ondas de um povo chamado Bantu transformaram o continente africano ao longo de um milênio de migrações.

O mundo que surgiu no final da Idade Média era muito diferente daquele da época da queda de Roma. Portanto, talvez a Idade Média pudesse ser chamada de Idade da Transição.

Construindo (e Mantendo) o Império Bizantino

O imperador romano Constantino, o Grande, usou o modelo da antiga Roma Imperial para seu ramo oriental do Império Romano (que se transformou no Império Bizantino) — com exceção de que o ramo oriental era uma potência cristã e não pagã, e as pessoas falavam grego ao invés de latim.

Constantino escolheu a cidade de Bizâncio para sua nova capital, reconstruindo-a para que se encaixasse em seus conceitos de grande cidade e dando a ela o nome de Constantinopla em 330 AD. Quando a parte ocidental do Império Romano ruiu, no século V, Constantinopla (atual Istambul, Turquia) era a potência que rivalizava a antiga Roma nas mesmas proporções. O imperador bizantino tinha ainda mais poder do que seus antecessores ocidentais e o senado bizantino havia evoluído na forma de uma burocracia ampla e complicada (e notavelmente corrupta).

Como centro do governo, a capital bizantina era surpreendentemente estável. Era um local urbano de grande poder, com um alto nível de instrução e riqueza, resultado da economia comercial e da grande quantidade de terras. Embora seus limites tenham sido alterados diversas vezes, o império sempre foi vasto.

Antes de falecer, em 565 AD, Justiniano, que se tornou imperador em 537 AD, governou as terras dos litorais norte e sul do Mar Mediterrâneo, que se estendiam do sul da Espanha até o leste da Pérsia. Tentando unir o leste e o oeste em um império cristão, Justiniano enviou seus exércitos para retomar muitas terras romanas na Europa e no norte da África. Ele conseguiu recuperar a Itália, estabelecendo a capital bizantina ocidental em Ravenna. Porém, não importava quanto tentasse, Justiniano não conseguia reconciliar os ramos oriental e ocidental da Igreja, que estavam fortemente divididos.

Para permanecer durante tanto tempo como centro do poder, Constantinopla precisou passar também por provas físicas. A localização da cidade no Bosporus (o canal que liga o Mar Mediterrâneo ao Mar Negro) e suas muralhas fortemente protegidas ajudaram-na a resistir às invasões. Embora Constantinopla tenha sido derrotada, o cerco de quatro anos dos árabes finalmente terminou, sem sucesso, em 678 AD.

Compartilhando e Impondo a Cultura

A chamada Idade Média foi um período de incertezas em grande parte do mundo, já que diferentes populações migraram, lutaram e se misturaram. A Europa continuou sentindo a influência dos povos bárbaros que vieram do oeste, da Ásia, durante os últimos séculos do Império Romano. Enquanto isso, na África, o povo Bantu espalhou sua língua e sua cultura na direção sul, já que subgrupos de Bantus migraram para o sul do continente com o passar dos séculos. Mais tarde, a partir dos séculos VIII a XI, invasores marítimos chamados vikings atacaram, conquistaram e se estabeleceram em partes da Europa.

Ao mesmo tempo, as influências culturais da China e da Índia começaram a penetrar no Império Bizantino pelo oeste (Turquia e leste do Mediterrâneo), não através de migrações da população, mas sim através do crescente comércio ao longo de uma rota intercontinental, a *Rota da Seda*.

Percorrendo a Rota da Seda

Por volta do século II AD, os comerciantes começaram a movimentar quantidades de mercadorias cada vez maiores tanto para o leste quanto para o oeste ao longo da *Rota da Seda*, uma rota de caravanas que seguia a Grande Muralha da China e, em seguida, percorria um corredor natural através das Montanhas Pamir e do Tajiquistão, cruzando o Afeganistão e o sul do Mar Cáspio, indo em direção ao leste do Mediterrâneo. Por volta do século VI AD, a Rota da Seda chegou a Constantinopla.

Uma única caravana não conseguia fazer toda a jornada. Por isso, os comerciantes criaram um sistema improvisado de revezamento, com mercadores regionais que compravam e enviavam as mercadorias por determinados trechos ao longo da Rota da Seda. Lã e metais preciosos eram vendidos no leste, enquanto a seda chinesa, o luxuoso tecido que deu nome à rota, era o principal produto de comércio no oeste.

Plantando as Sementes das Nações Europeias

Na Idade Média, o mapa europeu não era nada parecido com o que se vê em um atlas moderno. Não havia a França, a Alemanha e a Espanha. Em nome da conveniência, às vezes refiro-me a estas regiões pelo nome que elas têm hoje, mas o conceito de nação foi perdido durante um tempo na Europa após a queda do Império Romano.

Porém, ainda na Idade Média, os povos e as regiões começaram a se unir para assumir outras identidades, que levariam às nações modernas, como a França. O catalisador desta unificação veio, parcialmente, de dentro, quando os líderes feudais começaram a buscar mais poder. No entanto, a unificação ganhou um grande incentivo externo, das mesmas invasões sobre as quais falarei neste capítulo.

Por exemplo: quando os povos da Irlanda se cansaram dos ataques vikings, procuraram um rei forte o bastante para unir os líderes regionais e montar uma defesa. Na França (chamada, na época, de Gália), um povo conhecido como francos temia a invasão dos árabes e também dos ferozes magiares, da Hungria. Os francos, assim como os irlandeses e outros europeus, procuravam por alguém para uni-los.

Combatendo os invasores

Alfred, o Grande, foi o líder que uniu os saxões (e anglos e jutos) na Bretanha.

Na Irlanda, um guerreiro chamado Brian Boru tomou o poder como *alto rei* (um rei que governava reis menos poderosos) e reuniu forças suficientes para conquistar os vikings de Clontarf, perto de Dublin, em 1014. Brian morreu nesta batalha, mas os irlandeses venceram e, pela primeira vez unida sob um líder irlandês, a Irlanda não pertencia mais aos nórdicos.

Unificando a Europa Ocidental: Carlos Magno coloca ordem na casa

Os francos deram origem ao mais forte dos novos reis, o único a forjar um império parecido com a antiga Roma. Um povo germânico da região do Reno, os francos, estabeleceu-se na Gália (identificada como a França moderna) por volta de 400 AD e, em 451 AD, ajudaram os romanos a combater Átila, o huno, em Châlons. Por volta de 481 AD, os romanos da Gália não tinham mais um Império Romano para apoiá-los. O rei dos francos, Clóvis, derrotou os romanos e tomou posse de todas as terras entre os rios Somme e Loire. A dinastia de Clóvis, chamada *merovíngia*, abriu caminho para uma nova dinastia franca, chamada *carolíngia*, em meados do século VIII.

O Império Árabe surgiu no Oriente Médio no século VII, conquistando grande parte do norte da África e, em seguida, estendendo-se ao norte até a Espanha. Na Espanha, os árabes, que eram muçulmanos (seguidores da fé islâmica), e seus camaradas norte-africanos, os mouros, derrotaram os governantes visigodos em 711 AD, assumindo grande parte da Península Ibérica. Os visigodos estavam entre os diversos grupos de bárbaros que contribuíram para a queda do Império Romano. A partir de sua fortaleza na Espanha, estes mouros (como todos os muçulmanos espanhóis passaram a ser chamados) acabaram com o sul da Gália, conquistando uma posição segura assim que os carolíngios tomaram o poder mais tarde, no século VIII.

Em 732 AD, as forças islâmicas tentaram conquistar a Gália. O rei carolíngio, Carlos Martel, os enfrentou e expulsou. Caso ele não tivesse feito isso, os historiadores dizem que a Europa ocidental poderia ter sido islâmica. Isso teria irritado o neto de Carlos Martel, Carlos Magno, um cristão devoto. Carlos Magno (seu nome significa Carlos, o Grande) tornou-se rei dos francos do ocidente em 768 AD e governou todos os francos após a morte de seu irmão Carlomano, em 771 AD.

Carlos Magno não era o tipo de cristão que pensava que os humildes haviam herdado a terra. Para converter os saxões da Alemanha (sim, eles eram chamados de saxões da Inglaterra) à sua fé, ele lutou e os subjugou. Ao invés de esperar por outra invasão dos mouros, ele levou suas forças à Espanha e atacou Amir de Córdoba. Também acabou com o reino da Lombardia, no norte da Itália, entre muitas outras conquistas que colocaram grande parte da Europa ocidental sob seu governo. A extensão do império de Carlos Magno na época de sua morte é ilustrada na Figura 3-1.

O Papa Leão III gostou dos esforços de Carlos Magno para conquistar e converter, principalmente pois o monarca livrou-se dos incômodos lombardos, que eram uma ameaça aos Estados Papais (uma região governada diretamente pelo Papa). O Papa coroou Carlos Magno como Carolus Augustus, Imperador dos romanos (ou Imperador do Sacro Império Romano), em 800 AD, dando início a uma entidade europeia estrangeira, porém forte: o Sagrado Império Romano.

Carlos Magno ficou mais afável em seus últimos anos. Construiu igrejas, promoveu a educação e as artes junto com o cristianismo e patrocinou a melhoria na agricultura e na manufatura. Seu reinado estável criou uma espécie de mini renascença, centenas de anos antes da grande Renascença. Porém, após sua morte em 814 AD, seu império entrou em forte declínio.

Unindo nações inexperientes

Embora tenham surgido reis fortes para unir diversos *principados* e *ducados* pequenos (governados por príncipes e duques, respectivamente), era difícil manter um poder consolidado. O título de rei, ou até mesmo de imperador, não garantia que os senhores inferiores do sistema feudal permaneceriam leais. Por exemplo: Otto I (ou Otto, o Grande) da Alemanha, que se tornou Imperador do Sagrado Império Romano em 936 AD, também recebeu o título de rei dos lombardos em 951 AD, após resgatar a rainha Adelaide da Lombardia (aprisionada por um príncipe vizinho) e casar-se com ela. A Lombardia fica no centro-norte da Itália e o império de Otto (supostamente romano, embora fosse baseado na Alemanha) incluía outras terras italianas. Porém, mesmo após conseguir que o Papa João XII lhe concedesse uma coroação oficial como imperador em 962 AD, o rei alemão não recebeu apoio dos italianos. Os príncipes italianos, que eram, oficialmente, seus *vassalos* (o que significava que eles precisavam pagar impostos a Otto) lutaram contra ele.

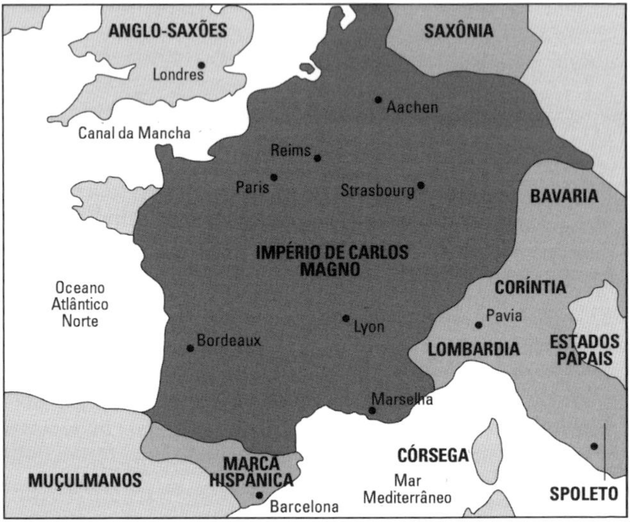

Figura 3-1: O império de Carlos Magno na época de sua morte.

O Surgimento do Fervor Islâmico

Os árabes são um povo semita, relacionados aos hebreus e aos antigos assírios e mesopotâmios. Assim como os hebreus, eles se consideram descendentes do patriarca bíblico Abraão. São, originalmente, fazendeiros da então fértil região onde atualmente fica o Iêmen, e também nômades e comerciantes de toda a Arábia. Eles são pouco mencionados na História até o século VII. Estados árabes surgiram e ruíram. O comércio floresceu e a riqueza cresceu, principalmente porque os árabes possuíam duas substâncias: a mirra e o olíbano, resinas aromáticas refinadas de seiva de árvore (olíbano) e arbustos (mirra). Altamente valorizados por seu perfume, eram tão valiosos quanto o ouro. Lembre-se disso da próxima vez que o vendedor da perfumaria lhe oferecer uma amostra.

Os árabes seguiam diversas religiões, inclusive o paganismo em estilo grego. O judaísmo ganhou apoio e o cristianismo converteu muitas pessoas. Mas isso foi antes de um comerciante árabe chamado Maomé abandonar seus negócios para dedicar-se a contemplar Alá, ou o Único e Verdadeiro Deus. As coisas nessa parte do mundo nunca mais seriam iguais.

A religião era bastante volátil durante o final do período romano e durante a Idade Média, quando o budismo se espalhou do leste da Índia até a China, ao longo das rotas do comércio da seda, e quando o cristianismo se transformou no foco de unificação de toda a Europa e além (a fé cristã espalhou-se até o Império Aksum, no nordeste da África). Porém, talvez nenhuma religião tenha tido um efeito tão poderoso e imediato quanto o Islã de Maomé.

Maomé disse que a nova religião havia lhe aparecido em uma visão do anjo Gabriel. Maomé se transformou em um profeta, mas conforme reunia seguidores, também ganhava autoridade nos assuntos terrenos. Os líderes de sua cidade natal, Meca, viram seu poder crescer e o expulsaram. Entretanto, na cidade de Medina, tornou-se legislador e juiz. Logo, o profeta liderou um exército muçulmano que partiu de Medina para conquistar Meca.

Quando Maomé morreu, em 632 AD, os muçulmanos haviam conquistado grande parte da Arábia. Seu sucessor imediato, Abu Bakr, terminou o trabalho em alguns anos. Em seguida, os árabes muçulmanos conquistaram o Egito a caminho da expansão ocidental para a Argélia, no norte da África, conquistando também grande parte da Espanha e de Portugal. Os muçulmanos dominaram o norte da Arábia até o Iraque e a Síria, e também o oeste, até a Pérsia.

Novas dinastias islâmicas seguiram-se a esta expansão, inclusive a Dinastia Omayyad, fundada em 661 AD. A partir de sua capital, Damasco, na Síria, a Dinastia Omayyad governou um império que se estendia do Marrocos até a Índia. Embora o partidarismo tenha surgido dentro do Islã e discordâncias tenham levado a batalhas e guerras pelo poder, houve uma surpreendente continuidade no mundo árabe. A Dinastia Abbasid, descendente do tio de Maomé, foi a sucessora dos Omayyads. A nova dinastia passou a capital para Bagdá e governou durante 500 anos.

Afastando os Guptas na Índia

Os exércitos islâmicos cresceram a leste e a oeste, e novas identidades nacionais e étnicas foram formadas em torno da fé e de suas variações. Os muçulmanos do Afeganistão conquistaram grande parte da Índia em 1100.

Porém, antes mesmo dos muçulmanos chegarem lá, a Índia passou por outro florescimento, similar ao da Dinastia Máuria nos séculos IV a II a.C.

Os ataques dos hunos na fronteira norte da Índia causaram a ruína do Império Gupta, assim como um contingente ocidental de hunos estava entre os povos bárbaros cujos ataques acabaram com a autoridade romana na Europa, dando início à Idade Média. Com o passar das décadas, os hunos da Índia tornaram-se mais indianos, adotando os costumes e hábitos locais.

A assimilação da população como um todo difundiu o poder dos hunos e ajudou um líder Gupta chamado Harsha, descendente dos grandes reis Gupta, a restabelecer o Império Indiano em 606 AD. Igualmente bom em conquistas e em administração, além de ser amante das artes, assim como seu ancestral Chandragupta II, da Dinastia Gupta, Harsha construiu uma capital gloriosa, Kanauj, famosa por suas construções imponentes, às margens do Rio Ganges. Fortalecida, a cultura indiana espalhou-se para Burma, Camboja e Sri Lanka. A influência indiana sobre a região continuou até que os Chola, do sudeste da Índia, conquistaram grande parte do país após 880 AD. Comerciantes e empresários mais instruídos, os Chola construíram rotas comerciais prósperas com os árabes a oeste e com os chineses a leste. O estilo de governo Chola continuou a tradição Gupta de permitir o controle local.

Arredondando o Mundo

Através do milagre da viagem pelo tempo e pelo espaço, eis uma amostra dos acontecimentos em outras partes do mundo durante a Idade Média na Europa:

- **Os japoneses:** O Japão foi profundamente influenciado pela China, a partir de algum momento do século IV. Por volta de 538 AD, esta influência assumiu a forma de conversão religiosa, quando a corte japonesa adotou o budismo e substituiu os antigos templos por templos novos. O pêndulo cultural começou a balançar para o outro lado somente no século VIII, quando os imperadores japoneses, influenciados pelos chineses, perderam o poder para uma classe de guerreiros que estava em ascensão. Os líderes guerreiros, ou *samurais*, eram organizados em clãs e lutavam entre si, mergulhando a ilha em uma guerra civil no século XII e abrindo espaço para o nascimento da casa imperial de *shogun*. Minamoto Yoritomo tornou-se um shogun em 1192 e utilizou seus servos samurais para impor a lei e a ordem. O Japão foi governado desta maneira durante séculos.
- **Os Khmer:** No sudeste da Ásia, o povo Khmer do Camboja libertou-se da influência estrangeira (chinesa e indiana) ao estabelecer seu primeiro estado, chamado Funan, no rio Mekong. A posterior Dinastia Angkoriana se transformou em um império, o qual construiu a capital em Angkor e governou até o século XIV.

- **Os maias:** Na América Central, a civilização maia durou de 300 a.C. a 1500 AD, embora o que tenha sobrado após 900 AD tenha sido apenas uma sombra do que ela já fora. Grandes cidades maias (na verdade, cidades-estado independentes) construíram templos, salões de baile e casas comunitárias. E os maias plantavam muito mais do que milho: eles também colhiam feijões, pimentas, outros vegetais, cacau e tabaco. Domesticaram abelhas, patos e perus. O mais importante é que os maias foram o primeiro povo do hemisfério ocidental a usar uma forma avançada de pictografia. Bons em Matemática e Astronomia, os maias desenvolveram o calendário de 365 dias.

  Mel Gibson dirigiu o drama *Apocalypto*, de 2006, sobre um jovem nativo que é capturado por soldados maias e quase se transforma em sacrifício humano para os deuses maias antes de escapar e encontrar o caminho de volta para sua família.

- **Os polinésios:** Entre 400 e 800 AD, o povo polinésio, originário do sudeste da Ásia, espalhou-se por milhares de quilômetros de oceano para praticamente todas as ilhas do Pacífico — Havaí, Taiti e Ilha de Páscoa, entre outras — provando serem alguns dos navegadores mais habilidosos e corajosos do mundo. Por volta do ano 1000, quando Leif Eriksson chegou à costa do Canadá, um grupo de polinésios chegou à Nova Zelândia, onde desenvolveu a cultura Maori.

- **Os toltecas:** Mais ao norte do que os maias, os nômades toltecas estabeleceram-se e começaram a plantar no centro do México muito antes dos astecas surgirem na mesma região. Os toltecas construíram a cidade de Tula. Cobrindo 20 quilômetros quadrados, Tula pode ter sido o lar de aproximadamente 60 mil pessoas.

Capítulo 4

A Batalha para Dominar o Mundo

Neste Capítulo

- Tomando a Ásia em nome de Alá
- Expandindo o comércio com os chineses
- Invadindo terras — europeus contra os governantes do Oriente Médio: As Cruzadas
- Seguindo Colombo até a Ásia, passando pelas Américas

Se estivesse vivo por volta do ano 1000 AD e lhe perguntassem qual cultura você pensava que iria dominar grande parte do mundo nove séculos mais tarde, você provavelmente não teria dito a Europa Ocidental. Com suas batalhas feudais pelo poder, divisões confusas entre a autoridade secular e a espiritual, vulnerabilidade aos ataques vikings e práticas de agricultura atrasadas, a região e sua cultura precisavam crescer muito.

Suas outras opções seriam os árabes, que transformaram uma grande parte do mundo com surpreendente fervor e engenhosidade nos séculos VII e VIII; e os chineses, a civilização mais avançada em termos de tecnologia e mais bem-governada da terra. Estas duas culturas orientais tinham suas próprias falhas de personalidade, assim como a Europa Ocidental. Os líderes chineses de mil anos atrás eram orgulhosos, porém complacentes, certos de que nenhum outro país tinha nada do que eles queriam. E o Império Árabe original se dividiu em seitas competitivas e emirados em guerra, unidos pela fé islâmica, mas cada vez mais desunidos com relação aos objetivos internacionais.

Neste capítulo, você conhecerá os principais jogadores do mundo — o Império Árabe, o Oriente (especialmente a China) e os países e culturas da Europa Ocidental — e como cada um lidou com a exploração global e comércio até o século XV. Também falarei sobre o que fez com que a Europa quisesse e pudesse se firmar no final.

Expandindo o Império Árabe e Disseminando o Islã

Os árabes chegaram ao poder com incrível força e rapidez no século VII e início do século VIII. O império foi inspirado por uma nova religião, o Islã, que deu ao seu povo não apenas um fervor guerreiro, mas também trouxe avanços intelectuais e na educação.

Elevando a educação e os estudos a um novo patamar

O Califado de Abbasid, a dinastia muçulmana que governou grande parte do centro do Oriente Médio de 750 a 1258 AD, conquistou uma intelectualidade muito mais difundida do que qualquer outra cultura do planeta naquela época. Mohammed, fundador do Islã, deixou um livro para seus seguidores, o *Alcorão* (ou *Qur'an*), como centro sagrado de sua fé e um manual de vida. Ao contrário dos cristãos da Idade Média, que deixaram a leitura das escrituras para os padres e monges, os muçulmanos enfatizavam que todos podiam e deviam ler o Alcorão. Desta forma, muitos muçulmanos precisaram aprender a ler. Como o livro sagrado era uma obrigação, o mundo islâmico se transformou em uma cultura de aprendizado e intelectualidade.

Os avanços na ciência e na tecnologia

Os árabes governaram grande parte do que fora o mundo helenizado, ou dominado pelos gregos, e mantiveram grande parte da antiga literatura grega, inclusive as bases filosóficas, científicas e matemáticas dos gregos. Eles abraçaram a engenharia romana, que havia se espalhado pelo Oriente Médio e servido ao poderoso Império Bizantino durante a Idade Média. Sobre estas bases, os árabes adaptaram e refinaram os avanços romanos no campo da arquitetura, como a abóbada, criando o delicado minarete islâmico. Você pode ver exemplos destas torres altas, que adornam ou fazem parte das mesquitas e a partir das quais as pessoas são chamadas para rezar na Figura 4-1.

Grandes astrônomos e matemáticos por si só, os árabes não ficaram contentes em seguir a chama do aprendizado grego e romano. Por exemplo: adotaram novas noções, como o sistema numérico (da Índia), e as transmitiram como numerais arábicos — 1, 2, 3 e assim por diante. Também não é coincidência que as palavras "zero" e "álgebra" tenham vindo do mundo árabe.

Figura 4-1: A Mesquita Azul possui os distintos minaretes (torres) do Oriente Médio.

© Murat Taner/Getty Images

Os árabes também estavam muito à frente do restante do mundo em termos de medicina. Durante séculos, os livros médicos europeus foram, na verdade, coleções persas do conhecimento árabe.

A perfeição no Oceano Índico

Embora fossem originários do deserto, alguns árabes adentraram o mar e se transformaram em navegadores inovadores. Os árabes estudaram os ventos e se especializaram no Oceano Índico antes de qualquer outro povo.

Embora nenhum árabe tenha feito a viagem para testar a teoria, o grande cientista muçulmano Al-Biruni especulou por volta do ano 1000 AD que deveria haver uma rota marítima ao sul da África. Quando o explorador português Vasco da Gama encontrou esta rota e chegou à cidade portuária de Kozhikode, no norte da Índia, em 1498, tornando-se o primeiro europeu a chegar à Índia pelo mar, teve ajuda dos árabes. Os marinheiros árabes eram bastante familiarizados com o braço do Oceano Índico chamado de Mar Arábico, que era notavelmente difícil de navegar e praticamente desconhecido pelos europeus. Vasco da Gama utilizou a melhor ciência náutica da Europa para navegar ao redor da ponta da África, mas não teria conseguido seguir viagem sem a ajuda do grande navegador árabe Ibn Majid, autor do melhor diretório náutico da Arábia.

Construindo e destruindo um império

O final do século VII provou ser um ótimo momento para os árabes expandirem seu império, mas eles não conseguiram mantê-lo nos séculos IX e X.

Tirando proveito das circunstâncias

Os árabes muçulmanos aprimoraram os feitos do profeta fundador Maomé após sua morte em 632 AD, completando a conquista da Península Arábica e, em seguida, voltando sua atenção para outras terras próximas. As circunstâncias favoreciam os avanços árabes: antigas potências do Oriente Médio — os Impérios Bizantino (Síria) e Sassanid (Pérsia) — estavam ocupados lutando entre si e repelindo as invasões bárbaras. Os Sassanids precisavam se preocupar com os hunos, que tentavam invadir suas fronteiras, enquanto invasores avaros e berberes atormentavam os bizantinos (os berberes ainda não haviam se tornado islâmicos, o que viria a acontecer mais tarde).

O fato de vários súditos do Império Bizantino, como os egípcios, estarem cansados de aceitar ordens de Constantinopla só ajudou os esforços árabes para aumentar ainda mais seu império.

O distanciamento

O Islã continuou sendo uma forma religiosa, cultural e política extremamente importante no início do século XI, mas a ascendência do império árabe já havia ultrapassado seu ápice.

PAPO DE ESPECIALISTA

Os árabes brigam entre si desde 656 AD, quando a guerra civil resultou na transferência da capital de Medina (atual Arábia Saudita), centro do poder de Maomé, para Damasco (atual Síria). Nos séculos IX e X, *califados* (reinos islâmicos) rivais surgiram no norte árabe da África e na Espanha, dividindo o império que, embora ainda fosse unido pela fé, não estava mais unido em termos políticos.

Embora o império tenha sido dividido principalmente por causa de problemas com o poder e controle local, o mundo islâmico também de dividiu em frações religiosas. As duas maiores ramificações são os Sunitas e os Shiitas, que existem até hoje. Suas diferenças levaram a uma discussão sobre quem era mais qualificado para liderar o povo tanto espiritual quanto politicamente. Os Shiitas, ou Shia, nomeiam como seu líder Ali, o genro do Profeta Maomé, e limitam o título de *iman* aos descendentes do clã de Maomé. Os Sunitas, que são maioria, tiveram uma abordagem menos rígida para escolher seus líderes religiosos.

Atualmente, os muçulmanos da Arábia Saudita, do Kuwait, do Qatar e da Indonésia, entre outros países, são, em sua maioria, Sunitas. O Irã e o Azerbaijão têm maiorias Shiitas e, no Iraque, os Shiitas compõem cerca de 60% da população muçulmana, enquanto os Sunitas representam os outros 40%.

Grande demais e multifacetada demais, a civilização islâmica tornou--se incapaz de dominar o mundo novamente como uma única e surpreendente força após sua queda nos séculos IX e X.

Destacando-se na Ásia Oriental

Excelente tanto na expansão territorial quanto nas conquistas culturais, a China estava tão distante e parecia tão estranha que os europeus medievais mal conseguiam imaginá-la. No entanto, a China era um berço de invenções tecnológicas, uma maravilha econômica e um modelo cultural para as nações vizinhas. Os líderes chineses, sabendo que tinham algo especial nas mãos, tendiam a ser um pouco convencidos.

Inovação à moda chinesa

A Dinastia Han, de 400 anos (206 a.C. a 220 AD), foi o berço da inovação e do avanço. A seguir, alguns exemplos:

- Os cientistas chineses inventaram a bússola e os primeiros mapas precisos baseados em grades.

  Os chineses nem sempre utilizam suas invenções de maneiras aparentemente óbvias. Por exemplo: ao invés de usar a bússola inicialmente como dispositivo de navegação, eles achavam que ela era uma ótima ferramenta para garantir que os templos fossem construídos no alinhamento sagrado correto.
- Eles colocaram lemes eficientes nas embarcações, enquanto os romanos e os bárbaros ainda manobravam enfiando um remo enorme dentro da água na parte de trás do barco.
- Eles inventaram o arco e flecha, uma enorme evolução em termos de armas para a época.
- Eles criaram o primeiro papel do mundo, o que parece ser trivial, até que se leve em consideração como seria o mundo sem ele (em primeiro lugar, você estaria lendo este livro em um *pergaminho* feito com pele de animal tingida).

A inovação não parou com a ruína da Dinastia Han, em 221 AD. As dinastias sucessoras deram origem ou abraçaram novas ideias, inclusive a do estribo, que permitia que os cavaleiros tivessem muito mais controle e estabilidade, dando grande vantagem aos cavaleiros chineses durante a guerra — mesmo que por pouco tempo.

Sob a Dinastia Tang, que teve início em 618 AD, a China criou coisas belas, como a porcelana, e complexas, como a impressão gráfica, que só foi chegar à Europa após alguns séculos. Os chineses também inventaram a pólvora e a utilizaram em guerras por volta do ano 1000.

A economia e a agricultura da China eram excelentes. Durante a Dinastia Han, a capacidade da China de alimentar sua grande população serviu como modelo de autossuficiência. O clima, principalmente no sul, permitia duas colheitas de arroz por ano, o que alimentava muitas pessoas e, portanto, fez com que o crescimento da China fosse muito maior do que em qualquer outra região do planeta.

Aproximadamente no início do século XII, os camponeses chineses ficaram à beira da inanição, mas isso aconteceu após um longo declínio nas condições.

Seguindo a Rota da Seda em nome do comércio e do intercâmbio cultural

Como a China tinha muitos dos elementos desejados por outras partes do mundo, seus líderes raramente se importavam com o mundo além de suas fronteiras. A partir da Dinastia Han, os chineses acreditavam estar no centro do mundo — pelo menos na parte que lhes interessava. Certamente eram o centro cultural da Ásia Oriental e exerciam uma profunda influência no idioma, na escrita, no governo e na arte, desde Burma até a Coreia e o Japão.

Mesmo com alguns de seus políticos mais inclinados às políticas isolacionistas, os empresários chineses faziam negócios além da Grande Muralha. A partir do século II, as mercadorias chinesas começaram a viajar para o oeste no lombo de camelos que percorriam a *Rota da Seda*. As caravanas seguiam um corredor natural do norte da China até a remota Ásia Central, entre os picos das Montanhas Pamir, atravessando o deserto de Taklimakan até a Pérsia (atual Irã) e o Mar Mediterrâneo. Como resultado, os habitantes do Oriente Médio — e também alguns povos do oeste — puderam conhecer a seda chinesa, o melhor tecido do mundo, além de outros produtos luxuosos, como as especiarias.

Os camelos levavam o ouro de volta até a China, mas o caminho também contava com o intercâmbio cultural. Os missionários cristãos da Igreja Nestoriana, uma ramificação controversa da seita cristã, viajaram pela Rota da Seda para espalhar sua fé após seu exílio por parte do Império Bizantino no século V.

No entanto, os chineses não ansiavam pelo pouco que as outras culturas ofereciam. Sob a primeira Dinastia Ming — fundada pelo monge guerreiro Chu Yuan-chang em 1368, depois de excluir os governantes mongóis da Dinastia Yuan — os governantes da China passaram até mesmo a proibir que embarcações deixassem o litoral. Com viagens longas proibidas, os construtores de navios chineses pararam de construir embarcações grandes, feitas para o mar.

Quebrando a Muralha: A Invasão da China

A China resistiu por tanto tempo que poderíamos até pensar que ela não era vulnerável, porém algumas vezes o império sucumbiu aos invasores.

Os chineses iniciaram a Grande Muralha da China como um cordão de pontos de defesa no século III a.C. e foram aumentando esta barreira no decorrer de milhares de anos. Mas alguns inimigos conseguiram atravessar a muralha. Por volta de 100 a.C., o povo Xiongnu desafiou a grande Dinastia Han. Mais de mil anos depois, no século XIII, um invasor mongol vitorioso conseguiu romper a muralha. Era Genghis Khan, e seu neto, Kublai Khan fundadores da dinastia Yuan da China.

Genghis Khan, cujo nome significa "chefe do universo", unificou as terras que iam do Oceano Pacífico até o Mar Negro. Antes de morrer em 1227, Genghis Khan dividiu seu império em quatro partes, chamadas *khanates*. Suas terras chinesas compunham o khanate oriental.

Kublai Khan foi o primeiro governante chinês de que os europeus tiveram notícia, pois o viajante veneziano Marco Polo escreveu sobre a vida e o trabalho na corte de Kublai Khan (saiba mais sobre Marco Polo mais adiante neste capítulo). Kublai Khan terminou o que seu avô tinha iniciado, tornando Khanbaligh (atual Pequim) a capital mongol em 1267 e, finalmente, encerrando a Dinastia Song (ou Sung) da China 12 violentos anos depois.

Navegando durante um período

No início do século XV, o Imperador Yung-Lo voltou sua atenção para o exterior — uma postura incomum para um governante chinês — e patrocinou viagens de exploração impressionantes. Zheng He (às vezes escrito *Chung Ho* ou *Cheng Ho*), um eunuco da corte muçulmana que também era um almirante marítimo competente, comandou as aventuras (um *eunuco* era um servo, geralmente escravo, que havia sido castrado, presumivelmente para torná-lo mais dócil e para garantir que não fosse tentado pela esposa do mestre, ou ela por ele). De alguma forma, Zheng He superou esta condição e se tornou um importante membro da corte de Yung.

Zheng comandou sete grandes e bem-financiadas expedições. Seus navios aportaram na Índia, navegaram pelo Golfo Pérsico e ancoraram no leste da África. Suas embarcações eram maiores e mais rápidas do que os navios árabes e europeus da época, e eram equipadas com *anteparas* sofisticadas (paredes entre as partes de um barco). Assim, se uma das partes fosse perfurada ou pegasse fogo, o dano poderia ser contido e o navio não afundaria.

Após a morte do imperador Yung-Lo, as expedições cessaram e nada de grande valor foi aproveitado das viagens de Zheng — não houve expansão do comércio, extensão da influência política ou ampliação da influência militar. Entretanto, a ideia nunca fora dominar outras partes do mundo. No pensamento chinês, a China não era simplesmente o melhor estado; era o *único* estado soberano. Os navios eram, em parte, um esforço pacífico para divulgar a mensagem da superioridade chinesa. Porém, para os sucessores de Yung-Lo, o resto do mundo aparentemente não valia a pena, já que eles não mantiveram os esforços de exploração.

A Europa Desenvolve o Gosto pelas Mercadorias Orientais

Assim como os árabes e muitas outras culturas dos séculos XIII ao XVIII, os europeus lutaram entre si, mas sua competição também assumiu a forma de uma corrida por riquezas mais vastas. Eles sabiam que uma grande riqueza poderia ser encontrada no comércio, principalmente com a China. Diversos fatores aumentaram a sede dos europeus por fazer mais comércio com o oriente, como você pode ver a seguir:

- Alguns europeus receberam uma amostra tentadora dos luxos asiáticos — inclusive sedas finas e especiarias desconhecidas no ocidente — graças às Cruzadas, que foram centenas de anos de expedições militares cristãs, as quais começaram contra a Palestina controlada pelos turcos seljúcidas no século XI (se você acha que especiarias não têm nada de especial, imagine como era o gosto da comida europeia sem elas).
- Os mouros da Espanha, com seus laços orientais, tinham acesso aos prazeres chineses através das rotas. Um vasto Império Mongol euro-asiático estendeu-se do Mar Negro até a China, abrindo as rotas de comércio no norte e levando as mercadorias do oriente até o ocidente, nos estados germânicos.
- *As Viagens de Marco Polo*, um livro sobre a China escrito por um viajante comercial do século XIII vindo da cidade italiana de Veneza, despertou o interesse pelo oriente, um lugar que parecia incrível demais para ser verdade.
- Estranhamente, uma terrível praga do século XIV ajudou a abrir o mercado para as exóticas mercadorias do oriente.

Estes fatores somaram-se à propaganda que promovia o comércio entre a Europa e o oriente. Este tópico fala sobre a influência de Veneza e de seu filho Marco Polo e os esforços da Europa para driblar o Império Otomano e criar sua própria rota para o oriente. Devido à sua grande escala e impacto sobre muito mais do que o comércio no oriente, falarei sobre as Cruzadas no tópico "O Surgimento das Cruzadas".

Antes de atender ao crescente mercado e ao interesse pelos produtos orientais, os europeus precisavam solucionar alguns obstáculos geográficos complexos. Eles precisavam encontrar maneiras de trazer mercadorias da Índia e da China. O Império Bizantino e os reinos turcos (os seljúcidas e, mais tarde, os poderosos otomanos) controlavam as rotas de comércio no leste e, fora delas, apenas navios cargueiros poderiam transportar o volume de mercadorias que os sonhadores europeus tinham em mente. O problema era que ninguém na Europa sabia como chegar ao leste da Ásia pelo mar. Os europeus precisavam de rotas marítimas, e a busca por estas rotas criou um mundo cheio de ligações culturais.

"Orientando" Veneza

Veneza era uma cidade-estado repleta de comerciantes ambiciosos e também havia sido um refúgio para os bárbaros no século V AD. Ela fez parte do Império Bizantino até o século IX, e até mais adiante, como cidade-estado independente, os venezianos aproveitaram o comércio com os bizantinos. Esta conexão oriental deu a Veneza uma vantagem econômica, utilizada por seus governantes para construir um pequeno império mediterrâneo, incluindo as italianas Pádova, Verona e Vicenza, junto com as ilhas mediterrâneas de Creta e Chipre, estrategicamente posicionadas.

Em termos econômicos e militares, Veneza estava voltada para Constantinopla e para a Ásia. A palavra *oriente* significa "leste" ou "olhar para o leste".

Embora outra cidade litorânea da Itália, Gênova, oferecesse um pouco de concorrência, Veneza dominou o comércio no Mediterrâneo. Os ricos venezianos apreciavam este fato, pois seu acesso ao oriente atraiu a atenção da Europa para eles.

O primeiro best-seller de viagem

Ao longo da Rota da Seda rumo à China, transportadores e vendedores trocavam mercadorias somente com o vendedor mais próximo na rota, de modo que nenhum comerciante ou transportador percorresse todo o longo e exaustivo caminho. O pai e o tio do viajante do século XIII Marco Polo foram mais ambiciosos do que a maioria dos comerciantes de Veneza: eles viajaram da Itália até a China em busca de negócios mais lucrativos.

Os parentes de Marco Polo estavam em sua segunda viagem para o oriente quando convidaram o jovem Marco (provavelmente com 19 anos na época) para a jornada. O trio chegou a Pequim em 1275. Segundo o livro escrito mais tarde por Marco Polo, ele entrou para o serviço diplomático do Imperador Kublai Khan e viajou para outras capitais mongóis em missões oficiais (Kublai Khan, embora fosse imperador da China, era mongol).

Quase duas décadas se passaram. O jovem Marco Polo, que nessa época já não era tão jovem, finalmente deixou a China em 1292 e voltou a Veneza. Mas as cidades-estado rivais estavam em guerra, e Marco Polo foi capturado. Ele estava em uma prisão em Gênova quando escreveu, ou ditou a um companheiro, a História de seus anos fantásticos no estrangeiro: *As Viagens de Marco Polo*.

MARCO

Muitos dos contemporâneos de Marco Polo achavam que ele havia mentido em seu livro; alguns estudiosos modernos acham que eles estavam certos e que Marco Polo, no mínimo, exagerou um pouco em suas histórias. Mas isso não diminuiu o impacto de suas descrições. Seu livro falava de um lugar muito distante e, para os europeus do final do século XIV, era como se ele estivesse falando do espaço. No mínimo, as histórias de Marco Polo se espalharam e alimentaram a percepção de que a China era a principal fonte dos comerciantes. *As Viagens de Marco Polo* foi o livro mais influente da época.

Lutando pela vantagem econômica

O sucesso de Veneza no comércio gerou conflitos militares com a cidade-estado rival, Gênova, e com concorrentes mais distantes. Veneza estava balançando quando os cristãos europeus iniciaram as Cruzadas (veja o tópico "O Surgimento das Cruzadas" mais adiante para obter mais detalhes).

LEMBRE-SE

Qualquer campanha militar contra aqueles que controlavam o acesso à Rota da Seda — fosse ela composta por cristãos turcos ou bizantinos (cruzados ocidentais saquearam Constantinopla em 1204) — interessava aos venezianos. Eles eram os primeiros entre os europeus a querer o acesso livre à rota.

Veneza declinou como principal potência comercial do Mediterrâneo logo após a batalha naval de 1571 de Lepanto contra os turcos otomanos (sucessores dos bizantinos). Neste conflito, os venezianos aliaram-se a Roma e à Espanha na *Liga Sagrada*, criada pelo Papa. Veneza venceu a batalha de Lepanto, mas perdeu sua colônia no Chipre, um importante ponto comercial, e seu poder começou a diminuir.

O controle dos otomanos sobre as rotas comerciais entre a Europa e o Oriente

A construção do império turco atingiu seu ápice no século XV, quando outro clã turco islâmico, os turcos otomanos, reuniu um enorme grupo de terras sob o Império Otomano. O poder otomano resistiu até o século XX. Em seu período áureo, ele prosperou bastante no leste europeu (a animosidade entre os bósnios islâmicos modernos e os sérvios cristãos está enraizada há muito tempo, desde a incursão dos otomanos no oeste).

Os comerciantes europeus que perseguiam as riquezas orientais precisavam levar em conta os otomanos, pois eles bloquearam as rotas de comércio no leste. Junto com o domínio de Veneza e Gênova no Mediterrâneo, a presença turca fez com que os europeus imaginassem se poderiam encontrar suas próprias Rotas da Seda, talvez pelo mar. Um navio poderia levar mais carga do que os camelos. O problema era que ninguém sabia como ir da Europa até o leste da Ásia pelo mar.

Como diz o ditado, a necessidade transformou-se na mãe das invenções. Ou talvez a ganância tenha sido maior que a necessidade. De qualquer forma, esta sede de encontrar uma nova maneira de conquistar o tesouro do leste deu origem a uma nova era de impérios europeus.

Portugueses, holandeses, espanhóis e ingleses queriam uma parte do mercado asiático e começaram a explorar como nunca. O primeiro a arriscar uma incursão ousada à Ásia, Cristóvão Colombo, não encontrou o que procurava, mas acabou nas Américas, que logo se tornaram um mercado lucrativo, o qual utilizava escravos para extrair produtos valiosos como tabaco e açúcar.

O Surgimento das Cruzadas

Pode parecer que a civilização chegou ao grau atual de interconectividade por causa das viagens aéreas e da revolução eletrônica das últimas décadas. Porém, as conexões mundiais atuais, como você pode perceber ao dar uma lida em qualquer tópico deste capítulo, começaram mesmo a tomar forma há muitos séculos.

As Cruzadas talvez tenham sido os primeiros eventos que apontaram na direção do mundo atual, o qual ainda é profundamente marcado pelos impérios europeus dos séculos XVI a XX. Resumindo, as Cruzadas foram centenas de anos de campanhas militares cristãs esporádicas (para saber mais sobre as marcas deixadas no mundo atual pelos impérios europeus do segundo milênio, veja o box "A predominância cultural em perspectiva" neste capítulo. Não se preocupe, não é tão complexo quanto parece).

Conhecendo os personagens principais

As Cruzadas tiveram início em 1095, quando diversos europeus, respondendo a um chamado do Papa e unidos pelo fervor religioso (pelo menos era o que diziam), tentaram libertar a Terra Santa, a Palestina, dos governantes turcos. Não se tratavam dos turcos otomanos, cujo grande império suplantaria o Império Bizantino no século XV, mas sim de seus antecessores na construção dos impérios no Oriente Médio, os turcos seljúcidas.

Os turcos seljúcidas eram uma população nômade de saqueadores bárbaros do centro-norte asiático. Assim como os mongóis que conquistaram a China, os turcos chamavam seus líderes pelo título *khan*. Nos primeiros séculos do primeiro milênio, os turcos eram um povo submisso, que pagava tributos (uma espécie de imposto sem representação) a outro grupo bárbaro, os Juan-Juan. Mas quando as conquistas árabes dos séculos VII e VIII disseminaram o Islã, os turcos se converteram e adotaram o fervor árabe na construção de impérios.

A ascendência seljúdica (que conquistou a Ásia Menor no século XI e derrotou os exércitos do Império Bizantino) alarmou os cristãos (o mundo cristão) até Roma, onde a gota d'água para o papa Urbano II foi a invasão da Palestina pelos seljúcidas. Os cristãos do ocidente tinham um sentimento de posse sobre esta região — atual território israelense e palestino — pois Jesus de Nazaré vivera e morrera ali, e a região também abrigava as origens sagradas do cristianismo. Enquanto isso, ninguém perguntou às pessoas que viviam na Palestina se elas queriam ser libertadas do governo turco.

O Papa também ficou enfurecido com o fato dos turcos estarem importunando os peregrinos em suas procissões a locais da Terra Santa. Como muçulmanos, os governantes seljúcidas tinham poucos motivos para proteger estes viajantes cristãos, que podiam facilmente ser presos como ladrões. O Papa ficou tão indignado que, em 1095, iniciou uma guerra para garantir novamente a segurança dos cristãos em Jerusalém. As Cruzadas, a resposta ao seu chamado, podem ter se iniciado como uma aventura religiosa idealista, mas acabaram se transformando em guerras brutais de ódio e oportunismo.

Os turcos seljúcidas, assim como os mongóis, eram ótimos cavaleiros; os guerreiros seljúcidas podiam disparar flechas com uma precisão incrível enquanto seus cavalos corriam a todo galope. Esta habilidade os ajudou a estabelecer o caos em potências estabelecidas ao mesmo tempo em que varriam o Afeganistão e a Pérsia no século XI, invadindo Jerusalém no caminho para Bagdá, a capital em declínio de um antigo império muçulmano fundado pelos árabes, para conquistar o Oriente Médio.

Analisando o fervor desgarrado de determinadas Cruzadas

Infelizmente, os milhares de europeus comuns que foram à Palestina cheios de legítimo fervor cristão eram cruzados com menos chance de sobreviver. Eles eram ignorantes e de maneira alguma estavam prontos para o que enfrentariam. No entanto, também seguiram para o leste guerreiros nobres e habilidosos. A seguir, uma lista de algumas Cruzadas:

- **Primeira Cruzada:** Em 1099, a primeira força europeia oficial que chegou a Jerusalém massacrou a maioria da população antes mesmo de estabelecer os reinos latinos governados pela Europa, principalmente o Reino de Jerusalém, ao longo do litoral oriental do Mediterrâneo.
- **Cruzada Popular:** Foi um remanescente da Primeira Cruzada, liderada por um pregador itinerante da França, um monge chamado Pedro, o Eremita. Seus seguidores se engajaram no massacre dos seljúcidas.
- **Segunda Cruzada:** Teve início em 1147, quando os cruzados que invadiam pelo leste pararam no meio do caminho para matar os judeus que viviam no Vale do Reno, na Alemanha.
- **Terceira Cruzada:** Em 1189, a força expedicionária da Terceira Cruzada foi rumo ao leste para atacar o líder curdo Saladin, que havia unido forças muçulmanas da Síria e do Egito e tomado a cidade de Jerusalém de seus governantes cristãos em 1187. Os cruzados desta força incluíam o Rei Ricardo I (Ricardo, Coração de Leão) da Inglaterra, o Imperador Frederico I (Barbarossa) do Sacro Império Romano e o Rei Felipe II da França. O imperador se afogou ao cruzar um riacho.

  Tendo como cenário a Terceira Cruzada no final do século XII, o filme *Cruzada*, de 2005, do diretor Ridley Scott, conta a história fictícia do reino cristão de Jerusalém. Se você encontrar o filme em DVD, posso afirmar que a versão do diretor, com 194 minutos, é superior à versão mais curta lançada nos cinemas.
- **Quarta Cruzada:** Ocorreu de 1202 a 1204 e deve ter sido a pior de todas. Os cruzados cristãos saquearam Constantinopla, uma cidade cristã, e basearam outro reino latino por lá (como se a divisão entre a igreja católica romana e a igreja ortodoxa do leste já não fosse suficiente).

- **Cruzada das Crianças:** Ocorreu em 1212 e foi a mais lamentável. Aproximadamente 50 mil crianças e alguns adultos pobres caminharam para o sul, partindo da França e da Alemanha, sob a ilusão de que poderiam devolver o controle da Palestina aos cristãos. A maioria das crianças que conseguiu chegar aos portos italianos foi enviada diretamente para os mercados de escravos muçulmanos do norte da África e do Oriente Médio. Ouviu-se falar novamente de poucas delas. Alguns dizem que a história do Flautista de Hamelin é baseada na Cruzada das Crianças.

Determinando um precedente para a conquista

De onde os europeus dos séculos XVI ao XIX tiraram coragem para navegar pelo mundo tomando porções de outros continentes para seus reinos? Você poderia argumentar que essa atitude se deve aos hábitos imperiais de Roma, ou que os europeus, muitos de descendência bárbara (e, portanto, talvez tão asiáticos quanto europeus), nasceram para serem conquistadores.

É um argumento válido, mas é um tanto exagerado. Para ser mais preciso e revendo os fatos da Idade Média, poderíamos argumentar que a necessidade de combater os invasores vikings transformou os vassalos feudais em fortes líderes. Esta tendência começou a construir nações como a Inglaterra Saxã, que tomou forma sob o governo de Alfredo, o Grande. Mas a construção de uma nação era um processo lento, e os europeus não pensavam em termos de um estado político baseado na identidade nacional.

Os cruzados incutiram o ponto de vista europeu e cristão no restante do mundo e ensinaram os ocidentais a se estabelecerem além da Europa. Governantes investiram seus recursos em um empreendimento imperial de modo sistemático, abrindo um precedente para o exercício do poder. O cristianismo passou a ser militante, confiante em sua capacidade de se estabelecer em outras partes do mundo. Esta confiança foi muito útil à Europa nos vários séculos que se seguiram, depois que os navegadores conseguiram ter uma ideia razoavelmente precisa de como era o globo terrestre.

Sobrevivendo à Peste Negra

Os europeus do século XIV observavam o mundo sob uma nova perspectiva, considerando lugares mais distantes como áreas de interesse que deveriam ser melhor conhecidas ou até compradas. Porém, antes que os europeus realmente começassem a desbravar este mundo, era necessário que houvesse riquezas pessoais suficientes para criar um mercado interno rico o suficiente para absorver os luxos estrangeiros. Estranhamente, foi preciso uma doença terrível e a morte em escala catastrófica para que o mercado encontrasse um ponto de apoio.

A *Peste Negra* foi uma devastadora epidemia de peste bubônica e suas variantes que provavelmente teve início aos pés da cadeia de montanhas do Himalaia, na Ásia. Algo ocorreu no século XIV que fez com que a doença se espalhasse e muitos especularam que o culpado teria sido o aumento do comércio. A doença ficava nas pulgas, sendo levadas pelos ratos, e aonde as pessoas iam, principalmente pessoas com comida, também iam os ratos e seus parasitas.

Quando um rato morria, as pulgas iam para outro rato. Quando não havia nenhum rato próximo, as pulgas escolhiam hospedeiros secundários. Quando os hospedeiros passaram a ser os humanos, as pessoas ficavam muito doentes e a maioria morria rapidamente. Os hematomas negros que apareciam sob a pele das pessoas eram chamados *bubões*, que acabaram dando o nome à peste bubônica. Uma variante ainda mais mortal da doença, a peste pneumônica, espalhava-se pelo ar e podia ser passada de uma pessoa para outra.

Matando a esmo

Em 1333, a peste já havia matado milhares de chineses e chegou ao oeste. Por volta de 1347, ela chegou a Constantinopla, onde foi chamada de *Grande Peste*, e continuou espalhando-se rapidamente pelo ocidente através dos Bálcãs, Itália, França e Espanha. Então, ano após ano, a doença avançou para o norte. Em alguns anos, a Peste Negra chegou à Rússia, Escandinávia e além, seguindo as rotas comerciais dos vikings até a Islândia e devastando completamente os estabelecimentos nórdicos da Groenlândia.

Aproximadamente 25 milhões de pessoas morreram de Peste Negra na Europa. Talvez um terço da população da Inglaterra tenha morrido. Epidemias periódicas aconteceram nos séculos seguintes, mas a Peste Negra teve um impacto que foi muito além do horror e da tristeza que causou (e não se esqueça do fascínio mórbido: muitos exemplos de arte desta época concentram-se em doenças e na morte).

Um pouco de Matemática: Menos pessoas, mais riqueza

A Peste Negra reduziu a população europeia de maneira tão drástica que uma pequena união trabalhadora mudou a economia. Ironicamente, esta virada nos acontecimentos melhorou a vida de muitos europeus, criando renda disponível que, por sua vez, gerou uma demanda por luxos e até mesmo ideias orientais. O resultado intelectual e cultural desta redução na população e o foco no leste foi chamado de *Renascença*.

Com tantos mortos, sobraram menos pessoas para trabalhar nas terras. Alguns trabalhadores tiveram a coragem de enfrentar os nobres e os proprietários de terras e dizer que não trabalhariam mais pelo mesmo salário — a reserva de trabalhadores não ficara apenas menor, mas também mais valiosa. A mais famosa destas revoltas foi liderada por Wat Tyler, um agitador inglês que acabou sendo morto em 1381.

A economia pós-praga forçou alguns donos de grandes terras a dividirem suas propriedades em terrenos menores. Ao invés de continuarem sendo meros arrendatários que entregavam grande parte do que plantavam para o dono da propriedade, alguns trabalhadores começaram a receber um salário por seu trabalho.

Embora existissem menos pessoas no geral, cada vez mais pessoas tinham terras, renda e potencial para comprar mercadorias. Esta condição estimulou uma alta entre os comerciantes, artesãos e fornecedores habilidosos, capazes de manter uma rede de fornecimento. Até então, as pessoas eram ricas ou pobres — geralmente, pobres. A praga deu origem à classe média.

Buscando um Caminho para o Oriente e Encontrando Coisas no Ocidente

A sede das nações europeias pelo luxo que havia na China, na Índia, no Japão, na Indonésia e em outras culturas orientais, e também pela riqueza daqueles que conseguiam importar mercadorias como seda e especiarias raras levou muitos capitães aventureiros dos séculos XV e XVI a buscarem rotas marítimas navegáveis até os portos asiáticos. Um navegador em particular destaca-se do restante, pois foi o primeiro a navegar na direção oeste em busca das terras que ficavam a leste da Europa. Este navegador era Cristóvão Colombo.

Colombo não encontrou o que procurava, mas mudou a História Mundial de modo fundamental ao aportar em ilhas povoadas dos mares caribenhos e, mais tarde, no continente sul-americano.

Conhecendo os americanos que receberam Colombo

As tribos Arawak e Carib vinham das ilhas que mais tarde foram chamadas de Índias Ocidentais, no norte da América do Sul. Antes do ano 500 AD, alguns Arawaks migraram para as ilhas e praticaram a agricultura durante centenas de anos antes da chegada dos Caribs.

Os Caribs não gostavam muito de agricultura. Guerreiros e canibais, eles torturavam, matavam e comiam os homens das tribos conquistadas e transformavam as mulheres em esposas escravas. Pelo menos é isso que dizem os registros históricos. Algumas pessoas, inclusive os descendentes destes americanos nativos, discordam desta descrição e afirmam que Colombo e seus sucessores inventaram as histórias de canibalismo como desculpa para escravizar estes povos.

Por volta do ano 1000 AD, os Caribs iniciaram suas próprias jornadas marítimas a partir da Venezuela e da Guiana rumo às ilhas. Atacando vilarejos Arawak, os Caribs quase dizimaram os fazendeiros de algumas ilhas.

Ao chegar às Índias, Colombo provavelmente encontrou alguns Arawaks e, depois, os Caribs, que eram mais hostis. Cheio de esperanças de estar na costa da Ásia, Colombo os chamou de *índios*, e o nome pegou.

Alguns comemoram, outros lamentam a descoberta

A descoberta das Américas por Cristóvão Colombo, uma parte do mundo desconhecida de seus contemporâneos europeus, abriu caminho para a colonização e o comércio, trazendo muitas riquezas para a Espanha, a nação que patrocinou suas quatro viagens para os mares caribenhos, e também para outras potências imperiais da Europa. Sua descoberta também trouxe séculos de morte e destruição às populações nativas e suas culturas. Embora muitas pessoas, inclusive historiadores tradicionais, tratem Colombo como herói, outras avaliações menos elaboradas levam em conta todos os pontos negativos — escravidão, assassinatos, doenças e mudanças — que se seguiram à descoberta de Colombo em 1492.

O preparo e a experiência moldaram Colombo

Colombo nunca buscou descobrir um novo mundo e foi para o túmulo em 1506 sem admitir que havia, de fato, descoberto um novo continente.

Nascido em Gênova em 1471 e educado no mar, Colombo leu os antigos gregos, principalmente o astrônomo do século II AD Ptolomeu. Grego que vivera em Alexandria, no Egito, Ptolomeu entendia o mundo como um globo. Seus escritos influentes foram preservados pela letrada cultura árabe que governou o Egito e chegaram à Europa através de traduções.

Como navegador, Colombo reuniu um impressionante currículo de viagens, tendo viajado uma vez até a Islândia, que fica bem distante da Itália e de Lisboa, Portugal, cidade portuária onde construiu seu lar.

Portugal era uma boa base para um navegador, pois era lá que ficava a mais importante e antiga escola de Navegação, Astronomia e Cartografia da Europa (fundada pelo príncipe Henrique, o Navegador, no século XV). Os graduados exploravam a costa oeste da África em busca de um caminho para o continente das Índias.

Tropeçando nas Índias Ocidentais

Enquanto trabalhava com os monarcas espanhóis, Colombo buscou uma rota marítima que ligasse a Europa e a Índia e viajou para o oeste ao invés de ir para o leste, direção na qual a maioria dos navegadores europeus iria. Ele tinha um bom entendimento da forma da Terra — mesmo tendo subestimado seriamente sua circunferência. Mas Colombo nunca buscou novos continentes e recusava-se a encarar o fato de ter, de fato, encontrado um, o qual mais tarde foi chamado de América do Sul.

Após sua primeira viagem para o Caribe, ele continuou voltando para lá (o lugar recebeu o nome do povo Carib) não porque gostava de piña colada e do ritmo calipso, mas porque não conseguia aceitar que o que havia descoberto era um lugar totalmente novo — pelo menos para os navegadores europeus.

Colombo queria que a América fosse o leste asiático, e dizia a si mesmo e a qualquer um que quisesse ouvir que estas ilhas eram apenas uma parte obscura da Indonésia, as *Índias*. Se Cuba não fizesse parte do continente asiático, o que ele fez com que seus oficiais jurassem que sim, afirmava então que Cuba era o Japão. Quem queria um Novo Mundo quando um mundo antigo — a China — era o maior prêmio do comércio marítimo?

Capítulo 5

Dominando o Mundo

Neste Capítulo

- Conflitos por bases comerciais na Índia Oriental
- Lutando para manter as civilizações nativas nas Américas
- Tentando enfraquecer o mercado comercial na Ásia
- Lucrando com o comércio de escravos no mundo
- Ameaçando a antiga ordem com as ideias do Iluminismo
- Rompendo com as Américas revolucionárias e os franceses

Quando os navegadores europeus iniciaram suas viagens em busca de novas rotas marítimas nos séculos XV e XVI, eles estavam interessados no dinheiro. As riquezas os atraiam. Alguns dos marinheiros que transformaram a circunferência global são:

- **Cristóvão Colombo:** Um genovês (da cidade-estado italiana de Gênova) partiu da Espanha e descobriu a América em 1492 porque estava tentando chegar à Ásia, uma fonte de mercadorias comerciais lucrativas.
- **Vasco da Gama:** Capitão português que também procurava uma rota marítima para a Ásia contornando a África e navegando para o leste, chegando à Índia em 1498.
- **Fernão de Magalhães:** Outro português, mas navegando em nome da Espanha, ele zarpou para as Ilhas das Especiarias (atual Indonésia), na Ásia, através de uma rota diferente da usada por Vasco da Gama, em 1519.

Magalhães, embora tenha morrido na viagem, provou que era possível ir da Europa à Ásia navegando pelo oeste, como afirmava Colombo (era preciso apenas fazer a volta pelo sul da América do Sul). Magalhães também provou que os europeus podiam dar a volta no mundo. Um único navio dos cinco que partiram deu a volta na África pelo leste e chegou até Sanlúcar de Barrameda, na Espanha, em 1522.

A conquista de Magalhães foi um passo enorme nas navegações, mas também um triunfo simbólico. Os europeus podiam dar a volta ao mundo navegando e, logo depois, através da conquista comercial e militar. Também no início do século XVI, dois generais espanhóis conquistaram as duas maiores civilizações das Américas:

- Hernan Cortés derrotou os astecas no México em 1521
- Francisco Pizarro derrotou o império inca do Peru em 1533

Os europeus falavam de um Novo Mundo, referindo-se às Américas, no sentido de que o mundo inteiro era novo, pois estava repentinamente ao alcance de todos — uma ameixa madura pronta para ser colhida. Os espanhóis e os portugueses, aos quais logo se juntaram outros europeus, como os holandeses, os ingleses e os franceses, colheram a ameixa fazendo comércio, conquistando, explorando e escravizando os povos do Novo Mundo.

Entre 1500 e 1900, as potências marítimas europeias colocaram grande parte do planeta sob sua influência, mas desencadearam consequências. Tão logo os europeus dominaram outros povos, estes começaram a lutar para reconquistar sua liberdade. Esta era de impérios se transformou em uma era de revoluções, e não apenas nas Américas e em outras regiões colonizadas. A febre da liberdade se espalhou e a revolução também chegou à Europa.

Navegando para o Sul para Chegar ao Leste

Para os europeus, 1498 foi um ano ainda mais importante que 1492, quando "Colombo navegou pelo oceano azul". Colombo estava tentando chegar aos ricos portos da Ásia pelo mar, um grande sonho dos comerciantes e navegadores. Vasco da Gama, que navegava para o rei Manuel I (Manuel, o Afortunado) de Portugal, fez o que Colombo não conseguiu: encontrar uma rota marítima para o Oriente.

Vasco da Gama encontrou uma rota navegando pelo sul, contornando a ponta da África e subindo pela costa daquele continente, através das águas traiçoeiras entre a grande ilha de Madagascar e o continente africano. Em seguida, com a ajuda de um navegador árabe, atravessou o Oceano Índico. Sendo a maior aventura marítima da época, a jornada de Vasco da Gama cumpriu sua promessa de retorno econômico, enquanto a descoberta equivocada de Colombo das ilhas selvagens ainda precisava provar-se economicamente recompensadora.

Exigindo respeito

A primeira viagem de Vasco da Gama para a Índia, em 1498, pareceu pavimentar o caminho para um comércio pacífico. Antes de retornar a Calecute, no entanto, o tom das relações entre ocidente e oriente sofreu uma grande reviravolta.

Apenas três dos quatro navios de Vasco da Gama e 55 dos 177 membros de sua tripulação original sobreviveram à primeira viagem à Índia. Estas perdas eram consideráveis para a época, principalmente em se tratando de uma grande descoberta. O rei Manuel de Portugal estava satisfeito. Ele patrocinou uma segunda expedição, liderada por Pedro Álvares Cabral, em 1500. Em seu caminho pela costa da África, Cabral desviou-se demais para o oeste e acabou descobrindo o Brasil. Cabral levou a novidade a Portugal, dando ao rei Manuel mais uma parte do Novo Mundo a ser acrescentada à rota para a Ásia.

"Descobrindo" a América

Colombo não se considerava um descobridor, e talvez você também não devesse vê-lo como tal. Toda a noção de *descoberta* é um insulto para as pessoas que já viviam nas Américas e não sabiam que não haviam sido descobertas ainda.

Muitos povos diferentes viviam nas Américas antes da chegada de Colombo, os quais ele chamou de *índios*, pois acreditava estar na Ásia. Portanto, os povos originais das Américas foram reunidos sob este rótulo desde aquela época (embora alguns prefiram ser chamados de *nativos americanos* ou *ameríndios*). Não importa o nome que se dê a eles, estes americanos nunca foram uma única cultura. Eles viviam em climas bastante variados, ganhavam a vida de modo diferente uns dos outros, falavam idiomas e vestiam roupas diferentes. Até mesmo suas origens eram, provavelmente, diferentes.

Até o final do século XX, muitos estudiosos achavam que todos os americanos pré-colombianos haviam cruzado uma ponte que ligava a Ásia ao Alasca entre 20 mil e 10 mil anos atrás. Então, descobertas arqueológicas começaram a sugerir que pelo menos algumas pessoas viviam nas Américas muito antes de outros grupos chegarem em diferentes momentos.

Quando os europeus chegaram, as Américas já tinham visto civilizações surgirem e ruírem. Os espanhóis chegaram a tempo de ver a grande civilização maia do México e os Yucatán, embora suas impressionantes cidades estivessem em profundo declínio no século XVI.

Ao norte das cidades maias, nos planaltos do centro do México, o comandante militar espanhol Hernan Cortés encontrou uma grande cidade, que estava em seu ápice, em 1519: a capital asteca de Tenochtitlán. Os soldados espanhóis diziam que Tenochtitlán, com suas pirâmides pintadas com cores vibrantes e amplas trilhas que ligavam a cidade na ilha ao continente, era tão magnífica quanto Roma ou Constantinopla. Os espanhóis então foram tomá-la, é claro, mas ninguém nunca disse que a conquista é bonita.

Embora as civilizações pré-colombianas tivessem suas próprias conquistas e descobertas, algumas novidades ainda não haviam chegado por lá, o que deixou os espanhóis ainda mais interessados:

- **Pólvora:** Esta tecnologia havia se espalhado da China para a Europa, mas não chegou às Américas até a vinda dos espanhóis.

- **Ferro:** Embora diversas culturas americanas tenham feito trabalhos esplêndidos em metal por volta do século XVI, nenhuma delas havia aprendido a fazer armas de ferro mais resistentes e duráveis.
- **Cavalos:** Não havia cavalos nas Américas.
- **Imunidade:** Os europeus levaram doenças que nunca haviam cruzado o oceano. Os índios não tinham defesas biológicas contra elas.

Como os astecas surgiram e caíram

Antes dos astecas do México chegarem ao poder, eles foram um povo conquistado, basicamente escravo. Diz a lenda que eles seguiram uma profecia que dizia que deveriam construir sua capital, a cidade de Tenochtitlán, onde vissem uma águia sentada em um cacto (ui!) comendo uma cobra. O cacto ficava em uma ilha de um grande lago (agora abrangida pela Cidade do México). Relatos mais verossímeis dizem que os astecas escolheram a ilha como uma posição defensiva e esconderijo de seus antigos mestres.

O México adotou a imagem da águia, da cobra e do cacto em sua bandeira nacional, conforme mostrado na Figura 5-1.

Figura 5-1: A bandeira mexicana comemora a lenda dos astecas.

O surgimento dos mestres

Os astecas (também chamados de *mexica*) fundaram Tenochtitlán em aproximadamente 1345 e começaram a desenvolver suas habilidades militares para que outros povos não conseguissem escravizá-los. Eles construíram templos, estradas, um aqueduto e trilhas sobre o lago. Lá, estabeleceram uma sociedade hierárquica na qual os comuns, embora tivessem direito à terra, deviam pagar tributos e servir aos nobres, que acreditavam ser descendentes do deus Quetzalcoatl. A linhagem familiar determinava o lugar de uma pessoa dentro das comunidades em forma de cidade, chamadas *calpolli*. Estas comunidades eram agrupadas em estados territoriais chamados *altepetl*, que eram governados por chefes locais ou reis. O Império Asteca tomou forma quando o principal altepetl ingressou em uma aliança ainda maior.

Por volta do século XV, os astecas eram fortes o suficiente para derrotar as tribos que abrigavam seus antigos mestres. Os reis astecas Itzacoatl e Montezuma I (ou Moctezuma) travaram guerras para conquistar o Vale do México e além.

Por que lutar? Eles acreditavam que o deus asteca da guerra, Huitzilopochtli, exigia vítimas em sacrifício. A religião asteca incluía a crença de que Huitzilopochtli gostava especialmente de corações humanos frescos, de preferência vindas de vítimas corajosas. Na inauguração de uma pirâmide em 1489, os padres astecas mutilaram 20 mil prisioneiros. As vítimas das guerras astecas alimentavam Huitzilopochtli.

A crença no retorno de Quetzalcoatl

No século XVI, as coisas estavam um pouco confusas para os astecas. Os povos subjugados começavam a se revoltar. O rei Montezuma II tentou restaurar a ordem, mas foi interrompido quando um explorador espanhol renegado, Hernan Cortés, apareceu, em 1519.

LEMBRE-SE

Além de Huitzilopochtli, os astecas e seus povos subjugados temiam a divindade de pele branca e barba, Quetzalcóatl. De acordo com um mito que data da época dos maias, Quetzalcóatl atravessou o mar e profetizou que retornaria para governar o império. Logo depois que Cortés aportou na costa da Península de Yucatán, percebeu que, para os locais, ele se encaixava na descrição de Quetzalcóatl. Os nativos achavam que o espanhol e seus soldados eram mais do que simples homens. Para os astecas, que nunca tinham visto um cavalo, um soldado montado parecia uma fera de duas cabeças.

Quando Cortés chegou à capital asteca, Montezuma II o recebeu — provavelmente acreditando que ele fosse Quetzalcóatl, ou talvez tentando suborná-lo com uma aliança. Cortés suspeitou de uma armadilha e prendeu Montezuma II. Era tarde demais para o imperador, pois ele havia se curvado diante dos espanhóis e havia perdido o respeito de seus próprios súditos. Quando Montezuma II tentou falar diante dos astecas, seu público voltou-se contra ele e começou a atacá-lo com pedras e flechas. Ele foi ferido mortalmente. Em 1521, uma Tenochtitlán sem líderes rendeu-se aos espanhóis.

Os incas conquistam a grandiosidade, mas caem diante dos espanhóis

A conquista dos astecas por Cortés em 1521 inspirou outro comandante espanhol, Francisco Pizarro, a invadir uma grande civilização da América do Sul, os incas, uma década depois. Com apenas 200 tropas para subjugar um império com mais de um milhão de pessoas, ele precisou de apenas dois anos para tomar o poder em Cusco, a capital inca.

O prêmio de Pizarro, o Império Inca, estava à sua altura. Centrado nas montanhas dos Andes peruanos e espalhado por um território que ia do norte do Chile até o Equador, o império abrangia uma rede de diferentes tribos, todas subjugadas e administradas por uma cultura dominante.

Construindo um império como nenhum outro

Assim como os astecas no norte, os incas eram, a princípio, um povo subjugado pelas leis dos impérios peruanos anteriores. Os incas começaram a se movimentar no século XII. Nos anos de 1430, um governante chamado Pachacuti combateu a invasão de um povo vizinho e continuou lutando para aumentar o tamanho do Império Inca até que ele abrangesse partes dos atuais Chile, Bolívia e Equador.

Por volta do século XVI, os sucessores de Pachacuti controlavam mais terras do que qualquer povo sul-americano anterior a eles. Assim como os romanos, os incas incorporavam os líderes do povo conquistado ao seu império, recompensando aqueles que se uniam a eles e tornando a cooperação mais fácil do que a resistência. Também como os romanos, os incas eram ótimos engenheiros. Os construtores incas edificaram fortificações a partir de blocos de granito gigantes de modo tão perfeito que uma lâmina de faca não conseguiria penetrar em uma junta mesmo nos dias de hoje.

De modo igualmente surpreendente, os incas mantiveram um sistema de estradas de aproximadamente 30 mil quilômetros, para onde enviavam rápidos mensageiros a pé que se revezavam a cada 2,5 quilômetros. Utilizando este sistema, eles podiam enviar uma mensagem a uma distância de 240 quilômetros em um dia.

A família governante mantinha tudo sob seu controle, o que provou ser o ponto fraco dos incas. Tudo o que Pizarro teve que fazer foi superar a realeza e o império ruiu. Ele conseguiu isso em 1532, através de pura trapaça.

Aceitando o convite dos invasores

Em 1532, Francisco Pizarro convidou o rei dos incas, Atahualpa, para uma reunião em Cajamarca, uma cidade distante de sua capital. Quando o rei chegou, junto com seus vários acompanhantes, Pizarro o sequestrou, surpreendeu seus súditos e matou algumas centenas deles. As vítimas incluíam os familiares do rei. Atahualpa tentou se libertar, mas Pizarro queria usá-lo como governante marionete. Atahualpa não aceitou a oferta, recusando-se a converter-se ao cristianismo. Então, Pizarro também matou o rei. Em seguida, Pizarro e suas tropas marcharam para Cusco, capital de Atahualpa, dominando-a em 1533.

Os espanhóis passaram aproximadamente 30 anos combatendo revoltas nas terras incas (e lutando entre si enquanto combatiam os rebeldes), mas tomaram o controle total do império por volta de 1560.

FILME

O filme *O Real Caçador do Sol*, de 1969, é uma adaptação de uma peça britânica e conta a história de Pizarro e seu encontro com Atahualpa. Ao contrário da peça, que foi reencenada em Londres em 2006, o filme não foi um sucesso de bilheteria.

Dando a Volta no Planeta

Assim como Vasco da Gama, Fernão de Magalhães foi um explorador português que encontrou uma rota marítima para a Ásia. Da mesma forma que Cristóvão Colombo, Magalhães era um comandante não espanhol de uma frota espanhola que tentava chegar à Ásia navegando a oeste da Europa.

A expedição de Magalhães foi bem-sucedida, apesar de ter perdido seu capitão, quatro de seus cinco navios, todos os seus oficiais e a maioria de sua tripulação na agitada viagem cruzando o Atlântico, passando pelo estreito na parte sul da América do Sul (desde então chamado de *Estreito de Magalhães*), cruzando o Oceano Pacífico (Magalhães deu este nome a ele), passando pelos portos das Ilhas das Especiarias (na atual Indonésia) e retornando pelo leste da África até chegar em casa.

MARCO

Embora tenha morrido durante a viagem, Magalhães recebeu o crédito como o primeiro a dar a volta no globo. Ele chegou até as Filipinas e, como já tinha ido para o leste com expedições portuguesas, pode-se dizer que ele, pessoalmente, viajou ao redor do mundo. Tecnicamente, seu mestre de navegação (que era como um segundo comandante de um navio moderno), Juan Sebastian Del Cano (ou de Elcano) foi o primeiro comandante a navegar ao redor do globo com sucesso, chegando de volta à Espanha em 1522. Ele assumiu o comando da expedição quando os nativos das Filipinas mataram Magalhães.

O sucesso da expedição deu aos europeus uma prova de que as Américas eram mais do que apenas uma parte inexplorada da Ásia. O vasto oceano a oeste do Novo Mundo confirmou que se tratava realmente de um novo mundo — para os europeus. Além disso, Magalhães provou que era possível chegar à Ásia seguindo em qualquer direção. Em 1522, quando o navio que restava de sua expedição e seus poucos e doentes marinheiros retornaram à Espanha, a Ásia ainda era o prêmio dos comerciantes europeus, também desejado pelos monarcas.

Os otomanos crescem entre os impérios do Oriente

Embora os europeus fossem fortes e ficassem ainda mais fortes com suas rotas pelo mundo, eles não eram capazes de abocanhar imediatamente grandes partes da Ásia do mesmo modo como Espanha e Portugal haviam feito com a América do Sul e a América Central no final do século XV e início do século XVI. Ainda era a época dos impérios asiáticos ou, no caso do Império Otomano, de um enorme império asiático, africano e europeu.

O poder dos clãs turcos cresce e os otomanos acumulam muitas terras

O Império Otomano surgiu no final do século XIII no norte da Ásia Menor (parte da atual Turquia). Relacionados com os mongóis e outros nômades, os turcos, um grupo de povos nômades da Ásia central, eram organizados em clãs dinásticos. Um destes clãs era o dos turcos seljúcidas, poderosos no Oriente Médio no século XI. Os cruzados europeus combateram os turcos seljúcidas na Primeira Cruzada, em 1095.

Os otomanos, outro clã de turcos, tomaram Constantinopla em 1453, acabando com o Império Bizantino (os turcos otomanos não receberam seu nome devido aquela cadeira baixa e sem espaldar ao estilo do Oriente Médio, foi ela que recebeu o nome deste povo).

Assim como os turcos seljúcidas, os árabes e outros povos da Ásia ocidental, os turcos otomanos eram muçulmanos. Da mesma forma que os árabes, os turcos otomanos reuniram um grande império que, tal qual o Império Bizantino, ligava o oeste da Ásia ao leste da Europa, além de se estender de Budapeste, no norte da Hungria, até Bagdá, no Iraque, e Aswan, na parte superior do Nilo; o império também abrangia a costa mediterrânea da África.

Observando outros impérios asiáticos a leste

MARCO

Nômades assim como os turcos, os mongóis saíram da Ásia Central para construir impérios. Seu maior rei guerreiro, Genghis Khan, controlou um grande império da Ásia até o nordeste da Europa no século XIII. Seu neto, Kublai Khan, conquistou a China e estabeleceu uma dinastia em 1280.

O Império Mongol ruiu no final do século XIII, mas os descendentes de Genghis Khan continuaram no poder. Um dos mais famosos, o brutal Tamerlane (ou Timur, o Coxo), saiu do Turquistão para atormentar os persas e os otomanos no século XIV. Suas conquistas estenderam-se até Moscou, ocupada por suas tropas no final dos anos 1390. O descendente de Tamerlane, Babur, conquistou o norte da Índia (inclusive o atual Paquistão) em 1526, fundando a Dinastia Mogul; o nome é uma variação de Mongol, em referência à herança de construção de impérios de Babur.

A Dinastia Mogul queria mais do subcontinente indiano e lançou mão de governantes fortes e de uma estabilidade surpreendente até o século XVIII, quando as disputas dentro da corte real enfraqueceram a autoridade central. O império começou a se dividir quando os governantes de províncias submissas ao rei Mogul pediram mais poder. Este declínio do governo Mogul abriu o caminho na Índia para as nações europeias sedentas pelo comércio. Os britânicos aboliram a corte Mogul em 1857.

Os comerciantes europeus moveram-se rapidamente para o leste depois que os portugueses abriram a rota marítima pela África em 1498. Depois que Portugal invadiu Kozhikode, os comerciantes daquela nação tomaram outro porto indiano, Gao (agora Goa Velha). Navegando para as Ilhas das Especiarias (atual Indonésia), eles também conquistaram Macau, uma península da costa norte da China, próxima a Cantão.

Os portugueses construíram postos fortificados a partir dos quais poderiam monopolizar o comércio de especiarias no Oriente. O comércio pagava tão bem que os holandeses e os britânicos não podiam ficar simplismente sentados observando Portugal se encher de ouro.

A fundação das Companhias das Índias Orientais

Em 1599, 80 mercadores de Londres se juntaram e formaram a Companhia das Índias Orientais. Elizabeth I lhes cedeu um cargueiro em 1600. Os holandeses formaram sua própria Companhia das Índias Orientais em 1602. Os franceses também resolveram participar e fundaram sua Companhia das Índias Orientais em 1664.

Por um curto período de tempo, os portugueses desfrutaram de um monopólio comercial, pois eram a única nação europeia com mapas de navegação e também com os contatos comerciais necessários para transportar as mercadorias asiáticas pelo mar. Como as Companhias das Índias Orientais resolveram o problema do monopólio português? Mais ou menos da mesma forma com que os portugueses estabeleceram este monopólio — forçando a barra. Depois que a Inglaterra estabeleceu sua primeira estação de troca em Surat, na Índia, em 1612, os ingleses passaram a explorar outros portos indianos. Em 1639, os britânicos construíram uma fortaleza e um posto comercial em um vilarejo de pescadores chamado Madraspatnam, na Baía de Bengali. O lugar se transformou na cidade de Madras, nome repassando ao tecido xadrez madras. Os comerciantes britânicos construíram um posto em Bombaim em 1688 e definiram Calcutá como seu escritório central na Índia em 1690.

Os holandeses tomaram Jacarta, uma cidade com um bom porto protegido na costa norte da ilha de Java (parte da atual Indonésia), em 1619 e o chamaram de Batávia (em homenagem aos Batavos, uma tribo celta que vivia na Holanda nos tempos romanos). A Companhia das Índias Orientais holandesa fez da Batávia seu escritório central. Em 1638, os holandeses tiveram outra exclusividade: em um decreto que bania os comerciantes europeus dos portos japoneses, o governante isolacionista daquele país fez uma única exceção — os holandeses. Para obter o direito de ficar, os holandeses precisaram prometer que não pregariam o cristianismo.

Fechando as portas para o Japão

O Japão sempre foi um caso especial entre as nações asiáticas. Isolado pelo mar, o Japão não sucumbiu às invasões das tribos nômades que vagavam pelo restante do leste da Ásia e chegaram ao poder através dos impérios (povos como os mongóis). Embora seu governo imperial fosse estruturado como o da China, o poder no Japão estava nas mãos de uma classe de guerreiros desde 1192. A autoridade japonesa estava concentrada no *shogun*, um senhor da guerra apontado pelo imperador, mas, na verdade, o shogun era muito mais poderoso do que o imperador. Os shoguns da família Tokugawa, que governaram de 1603-1868, eram basicamente ditadores militares em todo o Japão. A seguir, uma lista dos três primeiros destes shoguns:

- **Tokugawa Ieyasu,** o primeiro dos shoguns Tokugawa, ganhou espaço no final de uma série de guerras civis. Tokugawa suspeitava dos estrangeiros, principalmente dos europeus. Quando os comerciantes portugueses montaram um ponto no Japão (antes dos holandeses estabelecerem um monopólio), eles ficaram preocupados que suas influências poderiam minar a autoridade do sistema shogun. Como ele havia acabado de restaurar a ordem no país, estava determinado a não ver sua autoridade diluída.
- **Tokugawa Hidetada** herdou a desconfiança de seu pai com relação aos cristãos europeus. Hidetada achava que, se os cristãos ganhassem muitos convertidos japoneses, a capacidade do Japão de defender-se contra uma invasão seria enfraquecida. O shogun perseguiu os cristãos de modo cada vez mais severo; em 1622, seus oficiais em Nagasaki crucificaram 55 missionários de uma vez.
- **Tokugawa Iemitsu,** o shogun seguinte, expulsou todos os missionários e a maioria dos comerciantes do Japão durante seu reinado, de 1623 a 1651. Ele declarou ilegais as viagens ao estrangeiro por parte dos japoneses e proibiu a construção de grandes embarcações para viagens longas. Iemitsu chegou até a restringir o budismo, preferindo o enfoque confuciano na lealdade aos superiores.

O Japão continuou fazendo comércio com a China, a Coreia e com um pequeno número de holandeses, sendo que estes últimos eram mantidos afastados do continente na maior parte do tempo, em uma ilha na Baía de Nagasaki. A família Tokugawa manteve o Japão fechado para o comércio ocidental extensivo até meados do século XIX.

Seguindo as regras da Companhia das Índias Orientais britânica

Os britânicos, expulsos de Molucca e do Japão, tinham muitos outros portos para explorar, principalmente na Índia. A partir de sua central em Calcutá, na Índia, a Companhia das Índias Orientais britânica negociava tecidos e aumentava sua influência. Ela fiscalizava a administração comercial, mas também governava os súditos britânicos em seus portos comerciais e além deles, transformando-se em um semigoverno.

Em meados do século XVIII, a Companhia das Índias Orientais britânica expandiu seu papel para o poder militar, declarando guerra ao governante Mogul local, ou *nawab*. O nawab, Siraj-ud-Daulah, havia pedido que a Inglaterra parasse de fortificar Calcutá. Quando houve a recusa, ele tomou a cidade em 1756, forçando os oficiais da companhia a fugirem. Os soldados do nawab capturaram uma guarnição militar de guardas da Companhia das Índias Orientais e os colocou em uma pequena cadeia, conhecida desde então como Buraco Negro de Calcutá. Um sobrevivente inglês afirmou que 146 pessoas foram colocadas na cela, que tinha 5X4 metros, para passarem a noite e apenas 23 sobreviveram (estudiosos mostraram que o número de prisioneiros provavelmente foi, a princípio, 64). A História uniu a opinião pública britânica contra Siraj-ud-Daulah e fez com que a Companhia das Índias Orientais revidasse.

Os soldados da companhia responderam atacando e derrotando uma coalizão de governantes muçulmanos aliados ao nawab e ao imperador Mogul. No final da guerra, uma empresa comercial inglesa havia se transformado no governante residente da região Bengali da Índia.

O poder e os lucros da companhia cresceram de modo alarmante, assim como o mau gerenciamento e a corrupção. Especulações irresponsáveis dos estoques da companhia contribuíram para uma crise bancária em 1772 e o governo britânico criou uma série de leis para reformar a Companhia das Índias Orientais, exigindo uma supervisão mais direta do governo sobre os assuntos da companhia.

Em 1857, rebeldes hindus e muçulmanos massacraram os soldados britânicos, e os britânicos responderam com um armamento surpreendente e execuções em massa. A revolta contra a Companhia das Índias Orientais forçou o governo de Londres a reavaliar as políticas coloniais. Em 1858, o Parlamento criou um ato exigindo que a Companhia das Índias Orientais entregasse seus poderes para a coroa britânica.

A China passa de Ming para Qing

A Dinastia Ming governou a China de 1368 a 1644, um período que se destaca pelo bom governo, pela paz, pelas conquistas artísticas e pela prosperidade. Os imperadores Ming tinham interesse pelo bem-estar das pessoas, chegando a dividir estados grandes para redistribuir terras entre os pobres. Será que isso foi um prelúdio do governo socialista que os chineses estabeleceram no século XX? Na verdade, não, mas *eram* ideias modernas.

A China também teve sorte, porque quando a Dinastia Ming finalmente ruiu em 1644, uma família governante da província da Manchúria assumiu o poder, estabelecendo a Dinastia Qing (ou Chi'ing), que durou até o século XX. A esta altura, a Dinastia Qing deu à China alguns de seus imperadores mais capazes e uma das administrações mais estáveis.

Kangxi, o imperador Qing de 1736 a 1796, moldou-se na imagem do governante confuciano ideal: um protetor benevolente do povo. Kangxi enfatizava a lealdade, a moralidade tradicional e o trabalho para o bem comum — principalmente na agricultura.

A produção adequada de alimentos era o maior bem comum em um país que crescia tão rápido quanto a China no século XVIII. Por volta de 1800, a população chinesa chegou a 300 milhões de pessoas, o dobro do que era um século antes. Sob sucessivos imperadores Qing, os chineses desenvolveram variedades de arroz com maturação rápida para que pudessem produzir diversas colheitas em uma única estação.

Utilizando a força e o ópio para abrir as portas chinesas

A Dinastia Qing foi bem sucedida no comércio, chegou até a importar alimentos como milho e batata-doce dos americanos (com 300 milhões de bocas para alimentar, por que não?). Mas a China ainda desconfiava e resistia à maioria das aberturas comerciais com os europeus, restringindo os comerciantes estrangeiros a portos específicos, como Cantão e Shangai. Na maioria das transações, os chineses queriam receber uma moeda forte, como metais preciosos. A Companhia das Índias Orientais britânica precisava pagar pelo chá e por outras mercadorias chinesas com prata. Os ingleses sentiram que estavam ficando com as sobras neste acordo, então buscaram outros bens que poderiam ser trocados com os chineses. Por volta do século XIX, eles encontraram: o ópio, da Índia governada pela Inglaterra. Cada vez mais chineses, principalmente no sul, fumavam ópio e ficavam viciados a ponto de querer em pagar por ele com chá, seda e até mesmo prata, o que ajudava a financiar a Índia britânica.

O ópio destruiu a vida dos chineses e danificou a economia chinesa. Por estes dois motivos, o imperador Qing enviou oficiais a Cantão para queimar 20 mil baús de ópio inglês. Este tipo de acontecimento irrita os barões da droga até hoje. Os ingleses eram loucos o suficiente para iniciar uma guerra por causa disso. E foram em frente.

Após a primeira Guerra do Ópio, o Tratado de Nanjing, de 1842, forçou os chineses a cederem o porto da ilha de Hong Kong para a Inglaterra. Hong Kong continuou pertencendo à Coroa Britânica durante grande parte do século XX. Em 1997, a Inglaterra restituiu a cidade portuária e o território adjacente para a China. Outra Guerra do Ópio aconteceu de 1856 a 1860, com resultado similar. A China foi forçada a abrir mais portos para a Inglaterra e outros comerciantes ocidentais.

A Difusão do Comércio de Escravos

A escravidão é cruel. Você e eu sabemos que a propriedade de seres humanos por outros seres humanos está entre as piores práticas de deterioração da humanidade. No entanto, grande parte do que se chama de *civilização* foi construída sobre a escravidão. Nas culturas antigas, inclusive os sumérios, os babilônios, a antiga Grécia e Roma, a escravidão era uma base econômica e geralmente era considerada um modo de vida razoavelmente tolerável pelos menos privilegiados — que preferiam a escravidão a morrer de fome.

Perpetuando o mal

Os árabes não viam muito problema na escravidão, o que os tornava clientes ideais para os vikings, que vendiam escravos. Grande parte do litoral da Suécia fica no Mar Bático, de frente para o leste, então os vikings desta parte da Escandinávia geralmente navegavam para o leste ao invés de irem para o oeste e para o sul, como faziam os vikings noruegueses e dinamarqueses.

Quando estes aventureiros nórdicos da Suécia começaram a explorar portos nas atuais Latvia, Lituânia e Estônia, eles começaram a navegar mais para o leste, atravessando pequenas baías e rios até chegarem à Rússia. Nas florestas do norte da Rússia, eles encontraram uma fonte de riqueza: um povo tribal, que foi capturado para ser vendido como escravo.

Os árabes já lidavam com escravos há muito tempo e tinham outros fornecedores de seres humanos prisioneiros além dos comerciantes vikings. Desde a conquista de grande parte do norte da África nos séculos VI e VII, os árabes capturavam escravos naquele continente.

MARCO

O comércio escravo árabe criou uma economia escrava na África, que ainda tinha força no final do século XV. Quando os navegadores portugueses começaram a aportar no oeste africano, encontraram vendedores de escravos locais dispostos a vender trabalhadores. Em 1482, os comerciantes portugueses construíram seu primeiro posto de troca de escravos em Gana. No início do século XVI, os portugueses enviavam prisioneiros para Portugal e para as Ilhas dos Açores, no Atlântico, onde os colonizadores portugueses precisavam de trabalhadores. Em alguns anos, havia um novo mercado para estes escravos nas Américas, e os portugueses estavam prontos para atender a este mercado.

O desenvolvimento de um novo mercado

Em meados do século XVI, os colonizadores espanhóis das ilhas caribenhas haviam decidido que precisavam de uma nova fonte de trabalho. Os indígenas locais, que haviam sido escravizados, não tinham imunidade contra as doenças da Europa. Muitos estavam doentes ou fracos e inúmeros outros haviam morrido.

Os espanhóis começaram a importar escravos africanos, que tinham menos propensão de contraírem varíola (a varíola — uma das doenças mais mortíferas entre os europeus e ainda mais para os indígenas caribenhos — estava tão disseminada pela África que os escravos africanos acabaram desenvolvendo uma resistência natural). Os primeiros escravos africanos foram comprados de navios portugueses por volta de 1530, iniciando um comércio que cresceu bastante ao longo dos séculos XVI e XVII e teve seu ápice no século XVIII.

Também no século XVI, os espanhóis descobriram que o trabalho escravo fazia com que as colheitas, como a do açúcar, que podia ser cultivado em Hispaniola e outras ilhas caribenhas, fossem altamente rentáveis. Assim, compraram mais e mais escravos. Por volta de 1700, quatro mil escravos chegavam às ilhas governadas pela Espanha todos os anos.

Os ingleses, que estavam construindo seu primeiro assentamento permanente na América do Norte, em Jamestown, Virgínia, em 1607, não esperaram muito para começar a importar escravos. Os ingleses também tinham uma plantação muito rentável e que exigia muitos trabalhadores: o tabaco. Em 1619, a Virgínia começou a usar escravos africanos nos campos de tabaco.

Portugal levou escravos para o Brasil em uma quantidade tão elevada que, por volta de 1800, metade da população deste enorme país tinha descendência africana.

O Sucesso no Comércio de Escravos

O tráfico de escravos era uma das maneiras mais certas de ficar rico com o comércio intercontinental no período de 1500 a 1800.

Os europeus se uniram aos comerciantes árabes e aos governantes africanos, que também podiam fazer fortuna com este negócio abominável. Holandeses, ingleses, franceses e dinamarqueses uniram--se aos portugueses, construindo estações de escravos na África.

Em 1713, a Espanha concedeu à Inglaterra um monopólio para abastecer suas colônias americanas com 4800 escravos por ano durante 30 anos. Ninguém sabe quantas pessoas foram capturadas e vendidas, mas os números podem ter chegado a sete milhões somente no século XVIII. É difícil estimar um número exato, em parte porque muitas pessoas morreram no transporte. As condições aterradoras a bordo dos navios negreiros incluíam acorrentar grupos de escravos em ferrolhos com pouco mais de 90 centímetros de altura. Muitos morriam por causa da sujeira, de doenças e do desespero, e os marinheiros jogavam seus corpos, sem qualquer cerimônia, no mar. Aqueles que sobreviviam eram vendidos em leilões.

O Início das Revoluções

Muitos europeus que chegaram às Américas queriam se distanciar dos países de onde vinham por um ou outro motivo. Geralmente, estes motivos eram econômicos. O Novo Mundo oferecia terras para os que não tinham e oportunidades aos pobres.

MARCO

A religião também tinha um papel importante para tornar o Novo Mundo um destino desejável. Era o caso dos cristãos separatistas da Inglaterra, que chegaram à América do Norte em 1620 — a quem os norte-americanos chamam de Peregrinos da Colônia de Plymouth. Em Massachusetts, estes imigrantes podiam fazer mais do que adorar a Deus de acordo com suas crenças puritanas, podiam também viver e agir de acordo com elas. A Inglaterra ficava muito distante para ser capaz de supervisioná-los. Outros refugiados religiosos seguiram os primeiros, inclusive outra seita de puritanos que foi para Boston, católicos que foram para Maryland, batistas que foram para Rhode Island e quacres que foram para a Pennsylvania.

A chegada do novo

As Américas atraíram pessoas que buscavam algo novo. No final do século XVIII, duas revoluções monumentais acabaram com a antiga ordem: a Revolução Americana e a Revolução Francesa. Não é surpresa que a primeira tenha acontecido na América do Norte.

A Revolução Americana dos anos 1770 criou os Estados Unidos da América e espalhou a ideia de que os colonos poderiam se libertar do governo inglês. A Revolução Francesa de 1789 chocou os tradicionalistas de maneira ainda mais profunda, revelando que a antiga ordem poderia ser totalmente subvertida, pelo menos por um tempo. A Revolução Francesa também confirmou que a cabeça da antiga ordem — isto é, a cabeça do rei Luís XVI — poderia ser cortada e jogada dentro de um cesto.

Estes grandes acontecimentos, acompanhados de algumas revoluções pacíficas na agricultura e na indústria, reconstruíram o mundo.

Jogando com ideias perigosas

Antes das revoluções, surgiu um movimento intelectual, o Iluminismo.

As Revoluções Americana e Francesa surgiram de questões políticas e econômicas entre o povo e seus governantes, mas também foram alimentadas pelas ideias de uma nova safra de filósofos e cientistas. O inglês John Locke (1632-1704) foi pioneiro ao argumentar que a autoridade do governo vem dos governados. A visão de Locke, um grande desvio da tradicional, certamente foi marcada pela Guerra Civil Inglesa de 1642 a 1649, um conflito entre aqueles que eram a favor do rei Charles I e seus oponentes do Parlamento, os Cabeças Redondas (que receberam este nome por causa do corte de cabelo). A Guerra Civil levou ao julgamento e à execução do rei inglês.

Ideias como as de Locke — de que as pessoas são livres e iguais — ganharam força entre as pessoas mais educadas da Europa. Na França, os escritores François Voltaire e Jean-Jacques Rousseau desafiaram os antigos conceitos de que o rei era um representante de Deus.

O Iluminismo também cresceu entre o pensamento científico quando homens como Isaac Newton, na Inglaterra, e Antoine Lavoisier, na França, elaboraram teorias, fizeram descobertas e provaram leis naturais, como a gravidade.

Decapitando a monarquia inglesa

Em 1215, barões insatisfeitos forçaram o impopular rei John a assinar a *Magna Carta*, supostamente garantindo ao povo inglês, e especificamente aos nobres ingleses, liberdades políticas e civis. Nem todos consideravam o acordo obrigatório, principalmente o papa Inocêncio III, que absolveu o rei John de qualquer responsabilidade.

A Guerra Civil Inglesa não foi um golpe internacional como a Revolução Francesa, mas ainda assim foi chocante. Apesar da Renascença e da Reforma Protestante, que acabaram com a autoridade da Igreja Católica Romana, a maioria das pessoas na Europa ainda concordava com o Papa Inocêncio III, que dizia que ninguém, exceto Deus (e às vezes o Papa), poderia dizer a um rei o que fazer. Os reis Stuart, James I (que governou de 1603 a 1625) e Charles I (de 1625 a 1649) certamente acreditavam nisso. Assim como a maioria das pessoas e todos os reis, eles se achavam designados de Deus — uma vice-divindade responsável pelas questões terrenas. A Magna Carta, diziam, não valia nem mesmo o pergaminho em que fora escrita. Esta noção levou a uma séria revolta, que culminou com a Guerra Civil Inglesa em 1649, quando o filósofo Locke ainda era um adolescente. Os revolucionários protestantes decapitaram Charles I e determinaram a *Commonwealth* (uma espécie de república), rapidamente seguida por um *Protetorado* (uma espécie de ditadura) liderado por Oliver Cromwell.

A Inglaterra reinstituiu sua monarquia em 1660, após a morte de Cromwell, quando Charles II surgiu para assumir o trono (ele estava escondido com amigos na França). Os *realistas*, que apoiavam a monarquia e ainda estavam enfurecidos, desenterraram o corpo de Cromwell e o enforcaram. É isso mesmo! Este período foi chamado de *Restauração*, pois foi quando a monarquia foi restaurada.

Tentando promover a desordem na França

Os reis da França tomaram algumas medidas para evitar insurreições como a da Inglaterra em 1649. Primeiro, um clérigo inteligente, o Cardeal Richelieu (1585-1642), estabeleceu escritórios governamentais que dividiam o poder dos nobres franceses e concentravam a autoridade do rei. Primeiro-ministro de Luís XIII, Richelieu serviu muito bem a Luís XIV, sucessor do trono em 1643.

A Guerra Civil Inglesa, que começou no ano anterior à coroação de Luís XIV, foi um choque entre o rei Charles I e os membros do Parlamento. Luís XIV tentou eliminar um potencial fórum divergente ao parar de convocar sessões no equivalente francês do Parlamento, o Estado Geral.

Assim como os Stuarts da Inglaterra — James I e Charles I — Luís XIV acreditava que ele, como rei, era o representante de Deus. Seu palácio exageradamente luxuoso em Versailles, atração turística de toda a Europa, refletia esta convicção. Luís XIV elevou os impostos para suportar seus gastos e travou uma guerra cara contra a Inglaterra de 1701 a 1713. O povo francês começou a reclamar e continuou reclamando enquanto rei após rei envolvia a França em conflitos que consumiam cada vez mais dinheiro, incluindo a Guerra de Sucessão Austríaca, de 1740 a 1748 (a França ficou do lado de Frederico, o Grande, da Prússia), e a Guerra dos Sete Anos, de 1756 a 1763, o conflito que os americanos chamam de Guerra Franco-indiana.

Os rebeldes americanos

As ideias do Iluminismo também chegaram ao outro lado do oceano, onde a ciência e a engenharia, inclusive as reformas agrárias, levaram os norte-americanos a pensarem no governo de modo racional e pragmático. Tão independentes como sempre, eles não tiveram muitos problemas em aceitar as ideias de que os homens (embora apenas homens brancos, de acordo com as ideias da época) eram inerentemente livres e que a autoridade dos governantes vinha do povo, e não de Deus.

Em um dos atos de resistência mais criativos, alguns moradores de Boston vestiram-se como nativos americanos e destruíram as cargas de diversos navios de chá. O Parlamento revidou enviando tropas e fechando o porto de Boston. Os novos ingleses combateram os velhos ingleses em dois vilarejos de Massachusetts, Lexington e Concord, em 1775, dando início à Revolução Americana. Um Congresso Continental formado por representantes de 13 colônias britânicas (o Canadá britânico não participou) as declarou independentes da Inglaterra no ano seguinte na Declaração da Independência, que reflete a filosofia do Iluminismo. O grande choque foi que os colonos, que estavam em menor número, venceram, mas não teriam conseguido sem o auxílio dos franceses, que forneceram dinheiro, armas e tropas para ajudar a derrotar os ingleses.

O ímpeto francês

As ideias do Iluminismo interligam não só as Revoluções Americana e Francesa, mas também a economia. Assim que o governo inglês incitou a ira dos americanos elevando as taxas para pagar sua guerra, o governo francês criou um desconforto entre os franceses. E a administração do rei Luís XVI piorou a situação, estendendo as finanças francesas para apoiar os patriotas americanos.

A generosidade de Luís XVI para com os revolucionários americanos fez com que seu governo ficasse muito mais vulnerável às revoltas que surgiram na França — que acabaram se espalhando por grande parte da Europa — iniciadas em 1789 com a Revolução Francesa.

Foi neste ano que Luís XVI convocou uma reunião dos *Estados Gerais*, o parlamento francês. Foi uma ideia ousada, considerando que ele não se reunia há mais de 150 anos. Cheio de boas intenções e inteligente o suficiente para saber que as coisas precisavam mudar, Luís estava tentando não perder sua coroa, ou sua cabeça, no processo. Convocar o Estado Geral foi uma tentativa de chegar a um acordo sobre as reformas necessárias.

No entanto, quando ele convocou o Estado Geral após um longo período de dormência — praticamente inexistente desde meados do século XVII — Luís começou algo que não podia controlar. A ideia de que o rei poderia permitir uma reforma de qualquer tipo gerou uma enxurrada de descontentamento. As pessoas estavam cansadas das classes privilegiadas e dos altos impostos.

MARCO

No dia 14 de julho de 1789, um grupo parisiense invadiu a prisão da Bastilha, um símbolo da injustiça arbitrária, e as coisas não se acalmaram por muitos anos. Liderado por alguns de seus membros mais radicais, o Estado Geral se transformou na Assembleia Nacional democrática, que expediu a Declaração dos Direitos Humanos, abolindo a constituição e a monarquia em 1792. O governo revolucionário usou a guilhotina — um meio supostamente humano de execução — para decapitar Luís XVI no início do ano seguinte.

A decapitação de Luís, no entanto, não significava o fim do tumulto. O Reinado do Terror durou de 1793 a 1794. Foi um período em que os nobres franceses podiam perder suas cabeças por olharem torto para alguém.

Em uma década, em um clássico exemplo do movimento de pêndulo, os excessos de decapitações da Revolução Francesa ofereceram a oportunidade de assumir o poder ao primeiro homem que pudesse restaurar a ordem. Ele não estava exatamente esperando sentado — a menos que você ache que invadir a Itália e o Egito signifique esperar sentado — mas quando um oficial militar oportunista, ousado e carismático (mesmo que desfavorecido fisicamente) chamado Napoleão Bonaparte voltou para a França, a era revolucionária abriu espaço para um império à moda antiga.

Escrevendo o prelúdio da liberdade

Depois que as pessoas começaram a disseminar as ideias do Iluminismo na França revolucionária, estas ideias assumiram vida própria. François-Dominic Toussaint, um escravo no Haiti, inspirou-se nos filósofos do Iluminismo e também nas novidades vindas de Paris.

Chamando a si próprio de Toussaint L'Overture, ele liderou outros escravos contra as autoridades francesas no início dos anos 1790. Em 1795, ele controlava grande parte do território francês (o Haiti ocupa aproximadamente metade da ilha de Hispaniola). Ele aboliu a escravatura lá e declarou o Haiti independente em 1801. Napoleão tentou colocar um fim nisto em 1803, quando suas forças retomaram a nação da ilha, capturaram L'Overture e o levaram para Paris, onde morreu mais tarde no mesmo ano. Mas o brilho da liberdade nem sempre é tão fácil de se extinguir. Jacques Dessaline logo liderou os haitianos contra os franceses novamente e os expulsou em 1804.

Capítulo 6

Conflitos pelo Mundo Todo

Neste Capítulo

- Combatendo as colônias
- Dançando no ritmo da revolução
- Saltando à frente nos campos do transporte e da comunicação
- Lidando com os ecos das Guerras Mundiais e da Guerra Fria
- Tentando evitar mais guerras: A Liga das Nações e as Nações Unidas

No início do século XIX, o mundo seguiu duas direções ao mesmo tempo — desafiadoramente para longe do imperialismo europeu e de encontro ao período mais imperialista de todos.

Após duas revoluções monumentais — a rebelião americana contra o governo inglês e a queda do regime monarquista na França — movimentos de libertação surgiram nas colônias ultramarinas, como as terras governadas pela Espanha na América Latina e também no continente europeu. Estes movimentos se prolongaram até o início do século XX, quando o fervor da reforma transformou a Rússia em uma nova espécie de estado socialista.

Na França, o espírito revolucionário foi desfeito quando Napoleão Bonaparte assumiu o poder, transformando seus vizinhos europeus em um império. A Inglaterra uniu-se à Prússia, à Rússia e a outros aliados para deter Bonaparte, porém, ao mesmo tempo, a Inglaterra acumulava mais territórios para si. Embora tenha perdido as colônias da América do Norte, a Inglaterra firmou um império que se estendeu pelo mundo.

Africanos, asiáticos e outros povos tentaram resistir ao controle europeu, e aqueles que pretendiam expulsar seus governantes europeus tiveram bastante dificuldade — principalmente antes das potências europeias começarem a se enfrentar nos conflitos cataclísmicos do século XX, que se espalharam pelos seus impérios no mundo todo, atraindo também potências não europeias. A Primeira e a Segunda Guerra Mundial esgotaram os recursos e a aprovação das colônias, forçando os colonizadores a abrirem mão de suas posses no terceiro mundo. Estas guerras fizeram com que as pessoas de todo o mundo reavaliassem os combates e dessem início a esforços internacionais para evitar futuros conflitos armados.

Gerenciando Impérios Sem Precedentes

Desde que os navegantes portugueses Fernão de Magalhães e Vasco da Gama deram início às rotas marítimas ao redor do mundo no final dos séculos XV e XVI, diversas nações construíram impérios que o mundo jamais havia visto. A Rússia ampliou seu território no leste, cruzando a Ásia em direção ao Oceano Pacífico, e descendentes de europeus na América do Norte aventuraram-se para o oeste, espalhando-se ao longo do Pacífico.

Em 1915, a Inglaterra e a França governavam mais pessoas em suas terras colonizadas do que em seus próprios territórios na Europa. A África, cuja maior parte do território não havia sido explorada pelos europeus antes de 1800, transformou-se ao longo de um século em uma confusa colcha de retalhos de colônias que pertenciam a Alemanha, Bélgica, França e outras potências.

A Inglaterra luta em diversos frontes

A Inglaterra deveria ter combatido a invasão das calças de nanquim originada pelos rebeldes americanos nas décadas de 1770 e 1780. O que eram *calças de nanquim*? Eram os uniformes daquele tempo — calças de tecido resistente de algodão, com uma cor amarelada, que a Companhia das Índias Orientais britânicas comprou dos comerciantes chineses e que não eram tão inocentes quanto pareciam.

Na época da Revolução Americana, os ingleses eram a maior potência marítima e uma das maiores potências comerciais do mundo. Eles estavam a caminho de construir um império que, pelo tamanho, faria os olhos de Alexandre, o Grande, saltarem de sua bela cabeça macedônia.

O revés americano (embora a Revolução Americana não tenha sido uma derrota para os colonos) pode ter sido causado pela distância e dispersão territorial dos britânicos. Eles estavam ocupados em outras partes do mundo no final do século XVIII. Os soldados britânicos combateram as forças francesas no oeste da África e nas Índias Ocidentais, além de enfrentarem a oposição holandesa na Índia. A Espanha entrou na briga e bloqueou a colônia britânica em Gibraltar. Enquanto isso, tropas da Companhia das Índias Orientais entraram na segunda das quatro Guerras Mysore contra os muçulmanos, que governavam o sudoeste da Índia.

As forças britânicas estavam tão espalhadas e sua riqueza era tão grande que a Inglaterra teve que lutar na guerra americana com mercenários alemães contratados, os *hessianos* (Hesse é um estado da Alemanha). Bem treinados, mas pouco unidos à causa inglesa, muitos soldados alemães tornaram-se americanos após a guerra.

No grande cenário de dominação do mundo, a queda da Inglaterra na América — até mesmo sua incapacidade de derrotar os americanos na Guerra de 1812 — não teve grandes consequências. Não se compararmos com todas as vitórias e conquistas inglesas no século XIX.

LEMBRE-SE

O progresso das potências coloniais foi um fardo muito pesado para diversos povos nativos do mundo todo. A Austrália, o último continente habitável a receber os europeus, foi o lar de uma colônia penal britânica iniciada em 1788. Mais tarde, colonos voluntários instalaram-se por lá. Muitos aborígenes australianos, que estavam isolados de grande parte do mundo há milhares de anos, tiveram o mesmo destino dos nativos das Américas: epidemias geralmente fatais. Sem imunidade contra as doenças dos europeus e sem armas para combater as armas europeias, toda a população nativa da Tasmânia, a grande ilha do litoral sul da Austrália, morreu entre 1803, quando os ingleses construíram a colônia penal, e 1876. Eles foram dizimados em apenas uma geração.

No início do século XX, o império britânico tinha aproximadamente 400 milhões de pessoas, sendo que apenas 35 milhões viviam no Reino Unido (que, naquela época, ainda incluía o território que atualmente é a República da Irlanda).

Reinventando a França pós-revolucionária

A situação na Europa obrigou os britânicos a levar os novos desafios mais a sério do que haviam feito com a separação das colônias americanas. Outra rebelião contra um rei, a Revolução Francesa, mudou radicalmente a França em 1789, mas os governos de Paris e de Londres continuaram inimigos — mais amargos do que nunca.

A rivalidade entre britânicos e franceses se intensificou quando Napoleão Bonaparte tomou o poder em Paris e expandiu seu império para grande parte da Europa. Conquistando a Espanha, a Itália e a Holanda, ele tentou tomar todo o continente no início do século XIX.

Napoleão foi tão bem-sucedido em suas conquistas militares, e era tão poderoso, que alguns de seus piores oponentes — inclusive a Áustria e a Inglaterra — concordaram em assinar acordos de paz frágeis e de curta duração, fazendo concessões econômicas e territoriais à França.

MARCO

Finalmente, em 1812, ao cometer um erro grave, Napoleão invadiu a Rússia, marchando com um exército de 500 mil homens sobre um terreno lamacento e acidentado. Os russos, em número muito menor, bateram em retirada tão rapidamente que os franceses acabaram chegando a Moscou, mas suas carroças de suprimentos não conseguiram manter o ritmo e quebraram ao longo do caminho. As tropas de Napoleão passaram a ter que providenciar alimentos e viver da terra, mas a Rússia — uma região com fazendas pobres e muito distantes entre si, com plantações pequenas que já haviam sido saqueadas e até mesmo queimadas pelos próprios russos ao baterem em retirada — oferecia muito pouco sustento. Napoleão conquistou Moscou, mas foi incapaz de alimentar ou abrigar suas tropas no inverno russo que se aproximava, principalmente depois que um incêndio de origem duvidosa devastou a cidade. Milhares de soldados franceses famintos congelaram até a morte durante uma jornada desesperada de volta para o oeste.

As nações europeias contrárias a Bonaparte — Inglaterra, Áustria, Prússia, Rússia e Suécia, entre outras — uniram-se em diversas alianças durante os anos de governo de Napoleão. Embora os líderes destes países normalmente desconfiassem uns dos outros, eles confiavam ainda menos em Napoleão.

Após o desastre da invasão à Rússia, Napoleão ficou vulnerável. Seus inimigos se aproveitaram da situação e invadiram a França em 1814. Os exércitos comandados por Alexandre I da Prússia removeram o autoproclamado ditador da França de seu trono naquele mesmo ano. Napoleão foi exilado para uma ilha, Elba, no Mediterrâneo, mas não admitiu a derrota. Ele fugiu de Elba, retomou o poder em Paris e lutou novamente contra os aliados. A Inglaterra, a Prússia, a Rússia e a Áustria derrotaram Napoleão pela última vez em Waterloo, Bélgica, em 18 de junho de 1815.

Outro Luís — número XVIII, irmão do antigo rei — assumira o trono durante o exílio de Napoleão em Elba, mas precisou sair da cidade quando Bonaparte voltou. Após Waterloo, Luís reassumiu a coroa e permaneceu por mais algum tempo.

Dividindo a África

Os europeus puseram os pés na porta da África no século XV. Portugal foi a primeira potência marítima europeia a navegar ao redor da África e também foi o primeiro país a estabelecer um posto de escravos na costa oeste do continente, iniciando o comércio de seres humanos antes de 1500.

Outras nações europeias seguiram os passos dos portugueses no lucrativo comércio de escravos. Porém, era inevitável que os construtores de impérios quisessem muito mais da África do que apenas o trabalho escravo. No século XIX, os europeus, sedentos por território, retalharam o continente em colônias.

Invasões graduais

Demorou um tempo para que os europeus dominassem grandes áreas da savana africana, pois, ao longo de centenas de anos após a chegada dos portugueses aos portos africanos, poucos estrangeiros conseguiram chegar ao interior. Florestas fechadas, desertos quentíssimos e terras úmidas cheias de doenças tornavam as viagens muito difíceis. Em 1760, os europeus conheciam a África além do Egito e do Mediterrâneo tanto quanto seus ancestrais dos tempos romanos — talvez até menos.

Os escoceses James Bruce e Mungo Park começaram a expandir estes limites com suas expedições no final do século XVIII — Bruce na Etiópia e Park no oeste da África. Com a chegada de mais exploradores europeus, a notícia sobre os vastos recursos do interior da África se espalhou.

A Revolução Industrial da Europa, que começou no século XVIII, consumiu muita matéria-prima. Os europeus do século XIX perceberam que podiam minerar, cortar e cultivar os recursos africanos, então as nações começaram a enviar expedições armadas para reclamar direitos sobre pedaço após pedaço do grande, porém mal-aproveitado, continente.

No início do século XX, o mapa africano era um quebra-cabeça com porções que levavam nomes europeus, como África Oriental Francesa, Congo Belga, Sudoeste Alemão da África, África Oriental Inglesa (Quênia) e Sudão Anglo-Egípcio (controlado pela Inglaterra), conforme mostra a Figura 6-1.

Dominando os defensores da África

Os povos africanos, como os Asantes e os Zulus, tentaram resistir aos europeus que invadiram suas terras, mas os nativos estavam em enorme desvantagem.

Samory (ou Samir) Ture, o autonomeado imperador da Guiné na África Ocidental, construiu uma nação islâmica na região do alto Rio Níger e tinha sob seu comando um exército grande e disciplinado, porém mal-equipado. A partir de 1883, o Imperador Ture lutou muito para repelir os europeus, porém, encurralado entre os franceses e os ingleses, ele tinha poucas chances. Seu exército foi derrotado e ele morreu no exílio, no Gabão, em 1900.

Somente uma nação africana resistiu aos europeus. A Etiópia acabou com o exército italiano de 17 mil homens na Batalha de Adowa em 1896. A Etiópia era a única nação africana independente que restara.

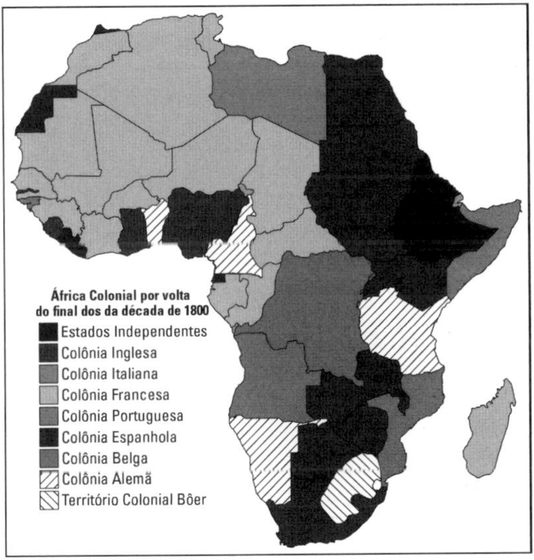

Figura 6-1: Por volta de 1900, o mapa africano era um quebra-cabeça de conquistas europeias.

Desafios Testam o Domínio Europeu

No início do século XX, os brancos europeus e seus descendentes governavam uma porção tão grande do mundo que era mais fácil dizer o que eles ainda *não* tinham dominado do que fazer uma lista de tudo o que possuíam.

Como mencionei no tópico anterior, a Etiópia era o único país governado por negros na África. A Pérsia e o Império Otomano resistiram no Oriente Médio — embora o longevo Império Otomano, baseado em Istambul e governado desde o século XV por uma dinastia islâmica turca, fosse apenas um fantasma da potência que um dia já fora. Na Ásia, o Japão se destacou. A China também, embora sem muita estabilidade. Além destas nações, havia poucas regiões que a Europa (ou os descendentes de europeus — como os que viviam nos Estados Unidos) não controlava, com excessão dos países pobres que nenhuma potência europeia queria.

Porém, até mesmo as potências coloniais mais poderosas não deveriam ter subestimado suas colônias. Elas precisavam lutar para manter suas vantagens comerciais, como quando a China resistiu à hegemonia europeia sobre seus portos. As potências coloniais também precisavam lutar contra revoltas por parte dos colonos e dos povos nativos, como aconteceu na América do Sul e na África. Os europeus precisavam ficar atentos às novas potências que surgiam para rivalizá-los, como o Japão, que destacou-se após um longo isolamento.

A Revolta Contra o Governo Espanhol na América Latina

O maior império da Espanha na época de Cristóvão Colombo estava nas Américas. A reivindicação de terras com base nas explorações e conquistas no final do século XV deram ao governo espanhol grande parte do sul e do oeste da América do Norte, toda a América Central e grande parte da América do Sul.

Porém, os rebeldes começaram a desafiar a autoridade espanhola na América do Sul a partir do final do século XVIII. No Peru, em 1780, Jose Gabriel Condorcanqui reuniu mineiros e trabalhadores de fábricas — descendentes dos incas — contra seus patrões espanhóis. Eles atacaram Cusco e La Paz na vizinha Bolívia.

Condorcanqui, um homem rico de descendência espanhola e inca, chamava a si mesmo de Tupac Amaru, emprestando o nome de um imperador do século XVI. Os espanhóis o capturaram e torturaram até a morte e, finalmente, acabaram com a revolta após dois anos. No entanto, ainda mais revoltas estavam a caminho do império espanhol nas Américas.

A liderança confusa no Chile

A autoridade espanhola nas Américas realmente se desequilibrou depois que Napoleão, autocoroado imperador da França e conquistador da Espanha, tirou Ferdinando VII do trono em Madri. Em 1808, Napoleão deu a coroa espanhola a Jose Bonaparte, seu irmão. Dois anos mais tarde, no Chile, um capitão geral espanhol perdeu seu poder para uma *junta* (um comitê político) que, por sua vez, foi substituída por um líder republicano, seguido por outro, criando uma confusão sem fim. Quando Ferdinando recuperou o trono espanhol em 1814, as tropas realistas marcharam para restaurar a autoridade no Chile e o líder militar que havia surgido em meio ao caos republicano para lutar contra eles era Bernardo O'Higgins.

Cortando relações com Bolívar

A situação da América do Sul começou a se transformar em uma bola de neve quando o Rei Ferdinando VII reassumiu o controle da Espanha e de seu império. Simon Bolívar, inspirado pelos patriotas norte-americanos e pelos revolucionários franceses, teve a ideia que todo o continente precisava para se libertar da Espanha. Seus revolucionários invadiram a Venezuela em 1816. Em seguida, Bolívar derrotou os espanhóis na Colômbia, onde se tornou presidente. Ele voltou à Venezuela quando os espanhóis tentaram retomá-la e os expulsou novamente. Porém, Bolívar ainda estava longe de parar.

Movimentando as fronteiras com José de San Martín

Na Argentina, o soldado treinado pelos espanhóis José de San Martín liderou um exército revolucionário na luta daquele país pela independência. Em seguida, ele se uniu a O'Higgins, que havia sido expulso do Chile pelas tropas reais. Juntos, eles derrotaram as forças espanholas e o Chile declarou sua independência em 1818. Com O'Higgins no cargo de Supremo Diretor (Ditador), San Martín foi para o próximo ponto do mapa — o Peru.

Ele derrotou novamente as forças espanholas, declarando o Peru independente em 1821. Permaneceu um tempo por lá para liderar o novo governo em Lima. Após sua retirada em 1822, os peruanos tiveram um bom substituto — Simon Bolívar — que expulsou as forças espanholas restantes e tornou-se ditador em 1824. Mas Bolívar ainda não tinha terminado de derrubar as autoridades coloniais espanholas. Ele foi para o norte e fundou a Bolívia.

Lutando no México

A batalha do México para se libertar da Espanha começou apenas algumas décadas após a expulsão dos ingleses dos Estados Unidos, mas o México enfrentou muitos obstáculos em seu caminho rumo a um governo independente. No início do século XIX, as autoridades espanholas prenderam dois padres, Miguel Hidalgo y Costilla e Jose Maria Morelos y Pavon, por difundir as ideias da Revolução Francesa. Ambos receberam sentença de morte, mas a febre revolucionária falou mais alto. Augustin de Iturbide libertou o México da Espanha em 1823, constituindo um breve império mexico-guatemalteco. No ano seguinte, os patriotas mexicanos substituíram Iturbide por uma constituição baseada na constituição americana.

Os maiores reveses do México ocorreram em uma rápida sucessão entre os anos de 1830 e 1860. Ainda lutando para se encontrar após conquistar a independência da Espanha, o México perdeu seu estado do Texas, no noroeste, para um movimento de independência de segunda geração em 1836. Então, o México perdeu enormes territórios no oeste da América do Norte para os Estados Unidos na Guerra Mexico-Americana de 1846 a 1848.

MARCO

A França e alguns de seus aliados europeus invadiram o México em 1861. As forças mexicanas defenderam sua pátria, conseguindo uma improvável e heroica vitória em 5 de maio de 1862 na cidade de Puebla. A ocasião ainda é comemorada no feriado de Cinco de Mayo. No entanto, os europeus persistiram e acabaram vencendo; mais ou menos um ano depois, o Imperador Napoleão III ofereceu o trono mexicano a Ferdinando Maximilian Joseph, arquiduque da Áustria, que pertencia à poderosa Dinastia Hapsburg da Europa.

Maximilian não durou muito como imperador do México. Napoleão III removeu as tropas francesas, deixando seu fantoche incapaz de manter a autoridade. O general mexicano Benito Juarez derrotou e capturou Maximilian em maio de 1867 e ordenou a execução do imperador deposto.

A África para os africanos

Apesar de ter sido conquistada relativamente tarde pelos europeus, a África não esperou muito tempo para entrar no negócio das rebeliões. Embora derrotado, o povo do Zimbábue se rebelou contra os ingleses em 1896. Os africanos da Tanzânia se insurgiram contra seu governo alemão em 1905, mas também foram contidos. As tropas coloniais alemãs queimaram as plantações para gerar a fome e enfraquecer os rebeldes tanzanianos.

Os povos Herero e Nama da Namíbia sofreram incríveis perdas nas revoltas contra os alemães. Os Nama, que criavam gado, foram reduzidos a menos da metade de sua população de 20 mil pessoas. Dos aproximadamente 80 mil Herero que viviam no centro da Namíbia antes da guerra, apenas 15 mil restavam em 1911.

Esta batalha finalmente começou a ter resultado no governo autoritário das nações africanas dos anos 1950. Em 1948, revoltas sacudiram Gana (então chamada Costa do Ouro) e os ingleses, cuja nação estava empobrecida pela Segunda Guerra Mundial, perceberam que não podiam mais sustentar um império. Outras potências coloniais também acordaram para a mesma realidade durante a Segunda Guerra. A guerra havia reduzido os impérios europeus às suas bases.

A ascensão dos asiáticos

Na década de 1820, os governantes holandeses de Java (uma das maiores ilhas da atual Indonésia) combatiam um príncipe javanês, Diponegoro, que tentava libertar sua ilha dos estrangeiros. Os holandeses prenderam e exilaram o príncipe. Assim como acontecia em muitas colônias, a independência indonésia teve que esperar até o fim do tumulto que as Guerras Mundiais haviam criado na Europa.

A Europa precisava lutar para manter seu domínio econômico também em outras partes da Ásia. Os chineses entraram em guerra contra os ingleses de 1839 a 1842, e novamente de 1856 a 1860, alegando que a Inglaterra importava ilegalmente a droga ópio da Índia para a China. Embora a China tenha perdido a batalha, e tenha sido obrigada a permitir as concessões comerciais para os ingleses e outras potências europeias, um profundo ressentimento ficou adormecido.

O Japão liberta seu poder reprimido

No Japão, o jovem imperador Meiji herdou o trono em 1867. Simultaneamente, o duradouro sistema de governo do *shogun*, senhor da guerra mais poderoso que o imperador, estava sofrendo pressão dos nobres e de outros que desejavam que a nação, isolada há muito tempo, adotasse a tecnologia ocidental. Após 700 anos de governo shogun e depois de uma pequena guerra civil, o último shogun, Tokugawa Yoshinobu, abdicou de seus poderes em 1868.

Chamada de Restauração Meiji, esta transição libertou o imperador para buscar a modernização e iniciar uma estratégia política estrangeira militarmente ambiciosa. Enquanto muitos impérios daquela era caíam ou mantinham-se estagnados, o Japão conquistou territórios da China nos anos 1890 e da Rússia na Guerra Russo-Japonesa de 1904-1905. Esta guerra foi uma derrota humilhante para os russos. Em 1910, o Japão tomou o controle da Coreia. Esta construção de império continuou muito além da morte de Meiji em 1912. Em 1932, o Japão transformou a Manchúria chinesa no estado fantoche japonês de Manchukuo.

FILME

Tom Cruise estrela o sucesso *O Último Samurai*, de 2003, um filme baseado livremente — e quero dizer livremente mesmo — na Restauração Meiji do Japão. Divirta-se, mas não confunda a história com os fatos.

O desconforto volta à Europa

A Europa não conseguiu se livrar do desconforto após a Revolução Francesa, pois as ideias que alimentaram a revolução em 1789 não foram dissipadas. Os franceses viram outra revolução em 1848, embora esta segunda revolução não tenha envolvido tantas decapitações. A França substituiu o rei Luís Felipe, um defensor dos ricos, elegendo Luís Napoleão, um sobrinho de Napoleão I, para uma presidência de quatro anos em 1850. Sob a bandeira da lei e da ordem, o novo presidente trabalhou para consolidar seu poder e foi bem-sucedido ao fazer com que o Senado Francês o declarasse Imperador Napoleão III em 1852.

A França enfrentava rebeliões em 1848. Muitos europeus eram miseráveis — famintos, sem trabalho e furiosos — porque as mudanças que acompanharam as revoluções industrial e agrária não beneficiaram ninguém. Movimentos revolucionários tiveram início na Áustria e na Hungria (estes países haviam finalmente se livrado da *servidão*, uma forma medieval de trabalhos forçados) e em muitos estados italianos e alemães. As revoltas também sacudiram a Irlanda, a Suíça e a Dinamarca. Os revolucionários falharam em expulsar seus governos, mas as pessoas foram ouvidas. As mudanças estavam no ar. Grande parte da Europa — principalmente a Europa Ocidental — ia na direção da democracia, mas o caminho não seria tão suave.

Revoltas na Rússia

As pressões que surgiram com as revoluções de 1848 na Europa foram bastante parecidas com as pressões que criaram a Revolução Russa meio século mais tarde. Em 1905, tropas russas atiraram contra trabalhadores russos que marchavam nas ruas de São Petersburgo e tentavam conquistar maiores salários e menos horas nas fábricas.

De nada adiantou atirar contra eles. Os protestantes sobreviventes continuaram em greve, e as greves se espalharam de São Petersburgo para outras cidades russas. Em seguida, a rebelião se estendeu para revoltas rurais contra os donos das terras.

Alheios no norte

Há muito tempo a Rússia era um caso especial entre as nações europeias — em parte porque, embora fosse enorme, era muito remota, no norte e no meio do continente. Fundada pelos vikings suecos, a nação russa havia começado a se formar no século IX. Como na Polônia, as populações nativas eram, compostas, em sua maioria, por eslavos, um povo de origens incertas que, de alguma forma, havia sobrevivido durante séculos aos ataques de hunos, góticos, avaros e outros bárbaros que passavam por ali a caminho da Europa.

No progresso social, econômico e tecnológico, a Rússia ficou atrás dos países ocidentais. Para um russo, até mesmo um russo da classe mais alta, o nível de habilidade da Europa Ocidental nos campos que variavam desde a construção de barcos, a arquitetura e o armamento até a impressão parecia surpreendentemente avançado. Pedro I (também conhecido como Pedro, o Grande), que se tornou o único governante da Rússia em 1696, passou dois anos viajando para Inglaterra, França e os estados alemães para aprender sobre uma grande variedade de indústrias. Quando retornou, trouxe consigo especialistas e professores, pois estava determinado a colocar os russos no século XVIII, à força, se necessário.

Caminhando na direção da rebelião

Talvez não seja surpreendente que o desconforto revolucionário tenha atingido em cheio a Rússia e tenha chegado a extremos no final do século XIX e início do século XX.

Você poderia pensar que os mendigos russos, tendo sido libertados da servidão, ficariam contentes, mas uma distribuição injusta das terras deixou muitas pessoas sem solo suficiente para plantar comida e sustentar suas famílias. Ironicamente, a melhoria na saúde piorou a situação. No final do século XIX, menos mendigos morriam por causa das doenças, o que aumentava o número de bocas a alimentar.

Os altos impostos também aumentarem o desconforto. Profissionais urbanos e nobres não gostaram de pagar para o governo construir uma frota de navios de guerra cara só para ver os japoneses afundarem os navios durante a Guerra Russo-Japonesa de 1904-1905.

MARCO

O desconforto travou o país. Em 1905, os rebeldes elegeram representantes para o Soviete de Representantes Operários de São Petersburgo, um conselho para coordenar greves e protestos. Outros *sovietes*, ou conselhos, logo se formaram em toda a Rússia. Em outubro de 1905, o czar Nicholas II concordou com algumas reformas, inclusive com a criação de um parlamento russo, o *Duma*. Ao dar aos russos insatisfeitos um corpo legislativo, Nicholas esperava conseguir uma válvula de escape para diminuir a insatisfação política — um lugar onde a sociedade pudesse despejar seu descontentamento. Mas o Duma estava com os dias contados desde o início. Na esquerda, grupos socialistas o boicotaram. Na direita, os reacionários da corte de Nicholas foram contra os esforços do Duma para reformar os impostos e as políticas agrárias. Os conselheiros do czar convenceram Nicholas a dissolver a legislatura todas as vezes que não gostavam da direção que seguia. Entre 1905 e 1912, ele dissolveu o Duma três vezes.

Em 1917, após a morte de cinco milhões de soldados russos na Primeira Guerra Mundial, o czar Nicholas enfrentou uma grande revolta. Novamente, ordenou que um Duma desobediente fosse dissolvido, mas os legisladores se recusaram a seguir sua ordem.

Tomando o poder: A União Soviética

Depois de forçar o czar Nicholas a abdicar, uma grande coalizão de representantes — liberais, social-democratas e agrossocialistas — formaram um governo temporário e transformaram o Palácio de Inverno do czar em seu quartel-general. O governo temporário convocou eleições para uma Assembleia Constituinte — um corpo representativo que escreveria uma constituição. Mas antes da Assembleia se reunir, extremistas liderados por Vladimir Ilyitch Lenin tomaram o poder à força.

Os seguidores de Lenin se autodenominaram bolcheviques, que significa "maioria", embora fossem uma minoria. Eles capturaram o palácio em outubro de 1917. Lenin permitiu que a Assembleia Constituinte se reunisse em janeiro de 1918, mas usou os soldados para dissolvê-la.

Lenin e seu Exército Vermelho combateram os contrarrevolucionários durante os anos seguintes, mas a Rússia — que passou a ser chamada de União das Repúblicas Socialistas Soviéticas (URSS) ou União Soviética, para abreviar — transformou-se em uma criatura muito diferente durante grande parte do século XX.

Inspirado pelos escritos de Karl Marx, um filósofo econômico alemão do século XIX, Lenin criou um governo baseado na propriedade nacional. Todos pertenciam ao governo e todos trabalhavam para o governo (ou, nominalmente, para "o povo"). Pela primeira vez, uma grande potência nacional era conduzida por líderes que queriam substituir toda a sociedade existente pelo novo modelo econômico do comunismo.

Na verdade, não se tratava de progresso para o povo

Como o sucessor de Lenin, Josef Stalin provou mais tarde que um sistema Leninista-Marxista poderia trazer a rápida industrialização, transformando a Rússia em uma das duas grandes potências econômicas e militares do mundo. Porém, no caminho rumo aos ganhos econômicos, Stalin deixou muitos milhões de russos mortos. Suas reformas agrárias geraram a fome generalizada.

Na década de 1930, Stalin eliminava brutalmente qualquer colega percebido como rival de seu poder, encenando julgamentos e execuções de muitos homens que haviam ficado a seu lado em 1917. Os veteranos bolcheviques mais reverenciados da URSS foram forçados a confessar crimes improváveis e, em seguida, foram sentenciados à morte pelo esquadrão de fogo ou a um período no campo prisional, de onde nunca retornariam. De 1934 a 1938, centenas de milhares de oficiais com patentes mais baixas também desapareceram como vítimas das perseguições de Stalin.

Ninguém sabe exatamente quantas pessoas Stalin matou e aprisionou, mas estima-se que tenham havido dezenas de milhões de mortos.

O retorno da Rússia

Por volta de 1991, a União Soviética estava na ruína econômica, piorada pelos gastos militares com a Guerra Fria, e acabou ruindo. Durante a primeira década do século XXI, a República Russa, sucessora da URSS, ressurgiu como uma importante potência econômica e militar, com uma atitude descrita pelo Secretário de Defesa americano, Robert Gates, como uma "postura agressiva" para com os estados vizinhos.

Combatendo as Guerras Mundiais

LEMBRE-SE

Embora os navios a vapor, as estradas de ferro e o telégrafo tenham encurtado as distâncias para o comércio e a comunicação pacífica, eles também criaram vantagens para almirantes e generais que planejavam ataques e invasões em todo o mundo.

Mesmo que esteja lendo este capítulo apenas de passagem (sinta-se à vontade para fazer isso), você poderá perceber como as nações europeias, que abraçavam o mundo até o ano 1900, parecem ter se engajado em inúmeras guerras. Desde os tempos mais remotos, entrar em guerra era uma maneira de construir e manter impérios. Mas com o surgimento dos novos e globais impérios europeus do século XIX e início do século XX, bem como todos os avanços nas viagens e nas comunicações, as guerras cada vez mais tendiam a ser melhores para uma parte do mundo e piores para a outra.

Como exemplo disso, a Guerra dos Sete Anos teve várias frentes na Índia, na Europa (Prússia, Hanover, Áustria e Rússia ficaram ao lado da Inglaterra e a Espanha ficou ao lado da França) e na América (a Guerra Franco-Indiana). A tendência só piorou — e muito. No século XX, a tendência para a guerra e a tecnologia para suportá-la levaram à Primeira Guerra Mundial e à Segunda Guerra Mundial.

Os avanços nas armas, como os rifles mais precisos e mais fáceis de carregar usados na Guerra da Crimeia em meados do século XIX, continuaram até que, por volta de 1945, um avião americano que carregava uma bomba destruiu uma importante cidade japonesa, Hiroshima. O ataque matou 66 mil pessoas e feriu outras 69 mil. No entanto, nem isso foi suficiente. Logo as nações tinham a possibilidade de acabar com toda a civilização do planeta.

Este tópico se concentra nas armas e nos avanços bélicos nas épocas das Guerras Mundiais.

Redefinindo a guerra: Primeira Guerra Mundial

Na época, ninguém numerou a *Grande Guerra*, pois não planejavam ter outra. Uma já estava de bom tamanho, obrigado.

Chamado de Primeira Guerra Mundial, este conflito provou ser pior, maior, mais longo, mais difuso e mais brutal do que qualquer pessoa achava que seria. De 1914 a 1918, duas linhas de soldados de infantaria, que se estendiam pelo norte da França e pela Bélgica, enfrentavam-se mês após mês, ano após ano, arrastando-se em trincheiras lamacentas, miseráveis e cheias de ratos que ficavam a algumas centenas de quilômetros de distância.

Mecanizada como nenhuma outra guerra havia sido, a Primeira Guerra Mundial chegou aos céus quando aviões passaram a jogar bombas e travaram as primeiras batalhas aéreas. A Primeira Guerra Mundial também deu início aos submarinos de guerra. Os U-boats alemães ("u" significava "*underwater*" [subaquático]) afundavam navios de guerra inimigos e neutralizavam os transportes sem qualquer aviso. As tropas eram transportadas em caminhões e em guarnições a pé armadas. As armas eram maiores, mais rápidas, com longo alcance e muito mais numerosas do que em qualquer outra guerra anterior. E também havia os chamados avanços na guerra química, como o debilitante gás mostarda.

Precipitando eventos e atitudes

Você deve ter aprendido na escola que a Primeira Guerra Mundial começou quando um terrorista sérvio atirou em um arquiduque austro-húngaro em Saraievo, na Bósnia, em 1914. Isso é verdade, mas as origens da guerra são muito mais complicadas.

Em primeiro lugar, os sérvios estavam furiosos com o Império Austro-Húngaro (uma combinação de Áustria e Hungria) por anexar a Bósnia (embora a Bósnia tecnicamente ainda pertencesse ao Império Otomano, que ficou enfraquecido devido a um revolta interna). Os austro-húngaros estavam preocupados que os sérvios fossem unir todos os eslavos do sudeste da Europa em uma região montanhosa chamada Bálcãs. Esta unificação teria ameaçado a parte húngara do império. Enquanto isso, os líderes russos acreditavam que os Bálcãs, com maioria de população eslava, pertenciam à esfera de influência do Império Russo, também com maioria eslava.

Embora não tivessem qualquer prova legal, os russos queriam proteger a Sérvia eslava.

A Rússia não declarou guerra a ninguém, mas mobilizou tropas. No entanto, isto foi provocação suficiente para fazer com que os alemães — que eram aliados do Império Austro-Húngaro — declarassem guerra à Rússia e à sua aliada, a França. Os alemães passaram pela neutra Bélgica no caminho para atacar os franceses.

A Inglaterra não tinha nenhuma briga formal com a Alemanha, mas as relações entre os dois países estavam abaladas por uma competição não declarada pela superioridade naval. Começando na década de 1890, Wilhelm II, o *kaiser* (que significa "imperador") alemão, construiu mais navios, e maiores. A Inglaterra respondeu aumentando sua produção de embarcações. As tropas alemãs que cruzaram a Bélgica em 1914 solidificaram o sentimento antigermânico na Inglaterra, pois a incursão violou a lei internacional, dando aos ingleses uma desculpa para mobilizar suas tropas.

Acrescentando combatentes à Guerra

A guerra cresceu conforme mais países uniam-se ao motim. A seguir, a divisão dos lados:

- **A *Entente*, ou os Aliados:** Inglaterra, França, Rússia, Japão, Sérvia, Itália, Portugal, Romênia, Estados Unidos e China.

  MARCO: Os Estados Unidos uniram-se aos Aliados em 1917, depois que o bloqueio submarino da Alemanha à Grã-Bretanha começou a afundar navios dos países neutros.

- **Os Poderes Centrais:** Alemanha, Austro-Hungria e Império Otomano.

Reagindo à carnificina

A Primeira Guerra Mundial ajudou a criar a União Soviética, mas a guerra mudou mais do que a Rússia. Quatro impérios — o russo, o otomano, o germânico e o austro-húngaro — ruíram durante a guerra.

Além de reorganizar o mapa, a Grande Guerra trouxe a fome, acabou com economias e mostrou ao público estarrecido que a guerra havia trazido um pouco mais do que o desastre difundido. A guerra engoliu e aniquilou cidades, vilarejos e até países inteiros. Até mesmo as pessoas que não foram diretamente afetadas pela Primeira Guerra Mundial perceberam, pela primeira vez, que talvez a guerra não tivesse sido tão grandiosa. Esta não foi a guerra heroica dos hinos patriotas, mas sim a destruição.

Um líder que seguia esta linha de pensamento era Woodrow Wilson, um antigo professor da Universidade de Princeton que havia se tornado político. Como presidente dos Estados Unidos, Wilson trabalhou nos termos de paz na Europa, garantindo que o processo de paz incluísse a *Liga das Nações* — um corpo internacional criado expressamente para evitar futuras guerras.

A Liga das Nações, estabelecida pelo Tratado de Versalhes em 1919, ajudou a Europa a se reconstruir após a guerra. Cinquenta e três nações faziam parte da liga em 1923, incluindo Inglaterra, França, Itália e Japão.

Infelizmente, a Liga das Nações não deu certo, principalmente para Wilson. O Senado Americano recusou-se a aprovar os termos de Wilson e a permitir que os Estados Unidos fizessem parte da liga. Wilson sofreu um forte derrame ao tentar reunir apoio público para fazer com que os senadores mudassem de ideia e passou o restante de seu mandato, até 1921, como um inválido.

Embora a Alemanha tenha entrado para a liga em 1926, ela mesma se retirou, juntamente com o aliado Japão, em 1933. A Itália retirou-se três anos mais tarde. A organização provou-se inútil para frear o expansionismo alemão, japonês e italiano. No final da década de 1930, o mundo estava pronto para mais uma grande guerra.

Até o momento, ninguém havia tentado regulamentar a vida internacional como o Presidente Wilson. Talvez sua invenção estivesse fadada ao fracasso, mas a Liga das Nações foi um passo rumo a algo novo.

Retornando ao conflito: A Segunda Guerra Mundial

A Primeira Guerra Mundial disseminou as sementes para a Segunda Guerra Mundial. Na Alemanha, após a Primeira Guerra, cidadãos empobrecidos e líderes furiosos opuseram-se aos termos do Tratado de Versalhes, que incluía o seguinte:

- Uma *cláusula de culpa pela guerra*, responsabilizando a Alemanha por tudo.

- Territórios perdidos — Alsácia-Lorena para a França, as terras do Reno foram transformadas em uma região desmilitarizada, e quase todas as colônias ultramarinas da Alemanha passaram para as mãos de outros impérios.
- Compensações financeiras que o país, arrasado pela guerra, não podia pagar.

Adolf Hitler, o chefe do partido populista dos Nacional Socialistas, ou *Nazis*, usaram esta raiva nacional para assumir o governo da Alemanha. Ele chamou esta administração de *Terceiro Reich* — herdeiro do Sacro Império Romano medieval (o primeiro Reich, ou império) e do Império Alemão de 1871 a 1918.

Quebrando o tratado: Hitler movimenta suas tropas

Hitler rearmou secretamente o país nos anos 1930 e começou a movimentar suas tropas em uma violação direta ao Tratado de Versalhes. Ele ocupou as terras do Reno (uma região desmilitarizada), anexou a Áustria e avançou na direção da Checoslováquia, um país que havia sido criado após a Primeira Guerra Mundial. Ele julgava exercer seus direitos, pois havia feito um acordo com os governos da Itália, da França e, principalmente, da Grã-Bretanha para estender o poder da Alemanha até a Checoslováquia.

Hitler afirmou que a região norte da Checoslováquia pertencia, por direito, à Alemanha, e os residentes da região, que falavam inglês, concordaram. O ditador italiano Benito Mussolini, cuja ascensão após a Primeira Guerra não foi diferente da de Hitler, organizou uma reunião em Munique na qual Hitler, o Primeiro-Ministro britânico Neville Chamberlain (que estava recuando para evitar um conflito com a Alemanha), Mussolini e o Primeiro-Ministro da França Edouard Deladier dividiram a Checoslováquia sem consultar os tchecos.

Hitler também assinou o Pacto Nazista-Soviético com Josef Stalin, sucessor de Lenin em Moscou. Depois de tomar o norte da Checoslováquia, os nazistas chegaram à Polônia com a ideia de dividir aquele país com a União Soviética.

Escolhendo o lado

A invasão alemã da Polônia em 1939 foi demais até mesmo para o promotor da paz Chamberlain. Londres não queria outra guerra, principalmente uma guerra contra a temível Alemanha, mas os ingleses acordaram para a realidade de que não havia como evitá-la. A Inglaterra declarou guerra no mesmo ano.

Ainda mais nações do que na Primeira Guerra Mundial escolheram um dos lados, ou foram tomadas e forçadas a entrar na batalha que se transformou na Segunda Guerra Mundial. A maioria das nações do mundo participou. A seguir, uma divisão incompleta:

- **Eixo:** Alemanha, Itália, Japão, Hungria, Eslováquia, Bulgária, Croácia, Finlândia, Romênia, Iraque, Tailândia e muitos mais, incluindo grandes regiões da Ásia e da África controladas pelas nações do Eixo.

  Os soviéticos, que originalmente ficaram ao lado dos alemães, foram forçados a trocar de lado abruptamente quando Hitler violou seu pacto com Stalin e enviou tropas para invadir Moscou. A França era líder dos Aliados até a Alemanha tomar o país em junho de 1940, quando 3/5 da França passaram a ser um estado marionete da Alemanha. Muitos outros estados também mudaram suas alianças durante a guerra, geralmente porque os governos neutros ou pró-Aliados, como Noruega, Dinamarca, Holanda e Bélgica, foram superados pelos poderes invasores do Eixo.

- **Aliados:** Incluíam a Grã-Bretanha e o Império Britânico do mundo todo (principalmente a Índia britânica), França (até junho de 1940), Vichy, na França (a parte que os alemães não conseguiram conquistar), Polônia, União Soviética, Canadá, Austrália, África do Sul, Nova Zelândia e, mais tarde, Estados Unidos, China, Cuba, Filipinas, Guatemala, Nicarágua, República Dominicana, Honduras, Haiti e muitos mais.

  Quando o Japão atacou a frota americana no Havaí em 1941, os Estados Unidos ainda eram oficialmente neutros, embora tendessem para o lado da Inglaterra. Imediatamente após o ataque, os americanos declararam guerra ao Japão e aos aliados do Eixo.

Avaliando os danos da Guerra

Terminando com duas explosões atômicas, a Segunda Guerra Mundial matou 15 milhões de militares — 2 milhões eram prisioneiros de guerra soviéticos. Aproximadamente 6 milhões dos 35 milhões de civis mortos eram vítimas judias do *Holocausto*, em assassinatos antissemitas em massa e em campos de concentração da Alemanha e do leste europeu.

As armas desta guerra eram mais rápidas, mais mortíferas e maiores do que as usadas na guerra anterior. Grandes bombas devastaram muitas cidades europeias.

O bombardeamento Aliado a Dresden, na Alemanha, em 1945, matou 80 mil civis em uma noite. Este foi um trabalho realizado por vários aviões, porém mais tarde naquele mesmo ano, no dia 6 de agosto, um avião americano jogou uma única bomba sobre Hiroshima, no Japão, que destruiu tudo em um raio de 6,5 quilômetros. A explosão atômica e uma segunda bomba atômica jogada sobre Nagasaki, Japão, alguns dias mais tarde continuam sendo as únicas armas nucleares já usadas contra pessoas. A guerra terminou logo depois da explosão das bombas atômicas.

Redesenhando o mapa

A Segunda Guerra Mundial dividiu a Europa mais ou menos como a Primeira Guerra havia feito. Entre as mudanças mais drásticas após a Segunda Guerra Mundial, a Alemanha surgiu como uma nação dividida — a Alemanha Ocidental, alinhada com os Estados Unidos e outras potências ocidentais; e a Alemanha Oriental, um satélite da União Soviética.

A guerra também levou mudanças profundas à Ásia e à África, principalmente pela forma como drenou o poder e o dinheiro das potências coloniais europeias. A Inglaterra, que estava do lado vencedor, mas estava praticamente arruinada, não tinha recursos nem vontade para manter suas posses ultramarinas.

Os anos após a Segunda Guerra Mundial foram cheios de movimentos de independência. A Inglaterra retirou-se da Índia em 1947 e a França tentou manter a Argélia durante quase duas décadas, até finalmente libertá-la em 1962.

A China, em guerra com o Japão de 1937 a 1945 (o Japão também se rendeu nesta frente), rapidamente enfrentou uma guerra civil entre os partidos Nacionalista e Comunista. Os Comunistas venceram e, sob o comando do líder marxista Mao Ze-dong (ou Tse-tung), a antiga civilização passou a se chamar República Popular da China em 1º de outubro de 1949.

Conflitos Quentes e Frios

Os anos após a Segunda Guerra Mundial não foram pacíficos, mas também não chegaram à Terceira Guerra Mundial (bata na madeira). Durante grande parte daquela era, as principais potências mundiais estavam preocupadas com o jogo da supremacia nuclear.

As principais potências do pós-guerra eram os Estados Unidos e a União Soviética. Os Estados Unidos esperavam aproveitar seu monopólio nuclear por 20 anos ou mais, mas os soviéticos surpreenderam a todos desenvolvendo sua própria bomba atômica em 1949. Embora fossem aliados no lado vencedor da Segunda Guerra, as nações logo se tornaram rivais.

A política estrangeira soviética refletia o comportamento paranoico de Josef Stalin com relação a qualquer rival — real ou imaginário, interno ou estrangeiro — e ela se tornou cada vez mais exclusiva e fechada. Os objetivos soviéticos incluíam manter o controle sobre os estados satélites comunistas, muitos dos quais ficavam no leste europeu, controlado pelos soviéticos, no início da Segunda Guerra Mundial, ao mesmo tempo em que repeliriam influências culturais e econômicas estrangeiras.

Os Estados Unidos surgiram como líderes do ocidente — englobando a Europa ocidental, o Hemisfério Ocidental e as nações desenvolvidas de todas as partes que resistiam ao comunismo e promoviam (ou pelo menos permitiam) a busca particular de lucros em suas políticas comerciais.

A tensão na Guerra Fria

Com seus arsenais nucleares, a União Soviética e os Estados Unidos entraram na *Guerra Fria*, um impasse diplomático, político e militar.

Em termos diplomáticos e militares, a Guerra Fria assumiu a forma de dois países que incitavam um ao outro a iniciar o primeiro ataque nuclear. Ambas as nações construíam cada vez mais mísseis e ogivas, os quais eram cada vez maiores, capazes de levar uma bomba nuclear de um campo de trigo no Nebraska até o centro de Moscou, por exemplo. As duas nações desenvolveram a trágica capacidade de explodir a Terra diversas vezes, caso quisessem.

Esta loucura foi um pouco abrandada por um Tratado de Interdição Parcial de Testes Nucleares em 1963, diversas tratativas e acordos para redução de armamento, mas as duas nações basicamente continuaram apontando as armas uma para a outra até que a economicamente falida União Soviética ruiu em 1991. Ao longo do caminho, outros países também construíram arsenais nucleares — a China está entre eles.

Não se via um fim para os conflitos violentos

As guerras regionais explodiram durante a Guerra Fria. Entre elas, os Estados Unidos se viram em meio a uma fútil tentativa de evitar que o Vietnã, uma antiga colônia francesa no sudeste da Ásia, se tornasse comunista. Durante a década de 1980, os soviéticos falharam ao tentar derrotar os rebeldes muçulmanos no Afeganistão.

Quando o estado judeu de Israel foi estabelecido em 1948 na Palestina, então governada pelos ingleses, as nações árabes vizinhas se uniram aos árabes palestinos em oposição ao novo estado. A discórdia se tornou violenta diversas vezes desde os anos 1950 até o século XXI. Estas décadas também foram perturbadas por muitos bombardeios terroristas na região — geralmente motivados pelo apoio à causa palestina — que mataram civis inocentes. Então, na década de 1990, o Iraque invadiu o vizinho Kuwait. Uma força internacional liderada pelos Estados Unidos expulsou os iraquianos.

Em 11 de setembro de 2001, 19 terroristas muçulmanos extremistas sequestraram quatro aviões comerciais americanos para serem usados como armas. Eles jogaram dois aviões contra o World Trade Center, na cidade de Nova York, matando todos a bordo e milhares de pessoas que trabalhavam nas Torres Gêmeas, que foram destruídas. Um terceiro avião colidiu com o Pentágono, centro do Departamento de Defesa dos Estados Unidos, em Washington, D.C.. Todos os passageiros morreram, além de 125 pessoas que trabalhavam no prédio. Quando ficaram sabendo dos ataques em Nova York e Washington, os passageiros a bordo do quarto avião atacaram os sequestradores de seu avião. O avião caiu em um campo na Pensilvânia, matando todas as 40 pessoas a bordo.

Os Estados Unidos responderam a este massacre — cujas vítimas eram, na grande maioria, civis — invadindo o Afeganistão, onde um governo muçulmano teocrático chamado *Talibã* abrigava a organização terrorista responsável pelos ataques, a *Al Qaeda*. O presidente George W. Bush adotou uma posição linha dura contra o terrorismo (e, especificamente, contra os terroristas islâmicos) e, em 2003, ordenou uma invasão ao Iraque, embora o país não estivesse envolvido nos ataques a Nova York. Tanto no Afeganistão quanto no Iraque, as tropas americanas expulsaram os governos, mas a violência insurgente contra as tropas americanas e de grupos rivais entre afegãos e iraquianos exigia ocupações militares mais longas e mais custosas.

Após a queda da União Soviética em 1991, a Rússia lutou contra um movimento de independência islâmica na Chechênia, uma região entre os mares Negro e Cáspio. No verão de 2008, houve uma guerra entre a Rússia e a República da Geórgia, que já havia feito parte da URSS.

A violência também chegou à África, de forma mais chocante em Ruanda, onde milícias compostas principalmente por membros da maioria Hutu promoveram um genocídio dos membros da tribo rival Tutsi em 1994. Em 2003, no Sudão, uma milícia apoiada pelo governo, os Janjaweed, iniciou uma campanha de ataques brutais contra fazendas, resultando em centenas de milhares de civis mortos e muitos desabrigados e famintos.

Vamos nos Unir: As Nações Unidas

O que aconteceu com a ideia de Woodrow Wilson de criar uma Liga das Nações dedicada a preservar a paz e a segurança internacional através do desarmamento, e sua intenção de evitar ou solucionar rapidamente as disputas?

A ideia de Wilson ainda existe. O termo *Nações Unidas* surgiu durante a Segunda Guerra Mundial, quando 26 nações comprometeram-se a continuar na luta contra as Potências do Eixo (principalmente Alemanha, Itália e Japão). Depois da guerra, 51 países assinaram uma carta criando as Nações Unidas (veja a Figura 6-2). A Liga das Nações passou suas funções para as Nações Unidas.

A carta define as Nações Unidas como uma comunidade mundial de estados soberanos independentes. Ela diz que, ao preservar esta comunidade, as Nações Unidas protegerão a paz internacional e tomarão uma ação coletiva contra a guerra ou contra forças que ameacem entrar em guerra, se necessário. No final de 2008, o número total de membros das Nações Unidas era de 192 nações — muitas delas são antigas colônias de países europeus.

Algumas pessoas enxergam a Organização das Nações Unidas como uma conspiração para minar a soberania das nações. Ela tem sido pouco eficaz em suas tentativas de evitar que os conflitos internacionais se transformem em guerras, mas foi bem-sucedida em outros campos. Assim como aconteceu com a Liga das Nações, este negócio de internacionalismo ainda é novo para a humanidade.

A Organização das Nações Unidas pode se tornar irrelevante à medida que o transporte e as comunicações continuam a crescer. O mundo continua encolhendo e as fronteiras políticas podem até se tornar confusas no futuro. As nações do oeste europeu, por exemplo, passaram as últimas décadas do século XX forjando uma força econômica unificada que compartilha até a moeda, o *euro*. Os acordos internacionais de comércio estão transformando os negócios no mundo todo e dando início a grandes controvérsias.

Figura 6-2: As Nações Unidas visam promover a paz internacional.

© AFP/Getty Images

Com os satélites de comunicação e a Internet, todos os lugares estão simultaneamente em contato com o resto do mundo. Com ou sem as Nações Unidas, a soberania nacional pode ter cada vez menos importância, pois a miscigenação de culturas está cada vez mais rápida. A civilização, qualquer que seja o significado desta palavra engraçada, pode finalmente ser totalmente globalizada. Se isso será bom ou ruim, precisamos esperar para ver.

Parte II

Lutas, Lutas e Mais Lutas

A 5ª Onda Por Rich Tennant

"Somos basicamente uma empresa de especiarias. Recentemente, nossa especiaria mais vendida é a pólvora".

Nesta parte...

Infelizmente, a guerra não pode ser separada da História Humana. A guerra, e a capacidade e a vontade de fazer guerra guiam as sociedades e as nações — um fato que narro em todo este livro. O poder militar é importante — em geral, tragicamente importante. As pessoas fazem guerras por causa de fronteiras, recursos, diferenças étnicas, discordâncias religiosas e alianças políticas, entre muitas outras causas. Por exemplo: no século XXI, os Estados Unidos iniciaram duas guerras em resposta a um ataque terrorista à cidade de Nova York, embora nunca tenha sido provado que a segunda nação invadida (o Iraque) estivesse envolvida com o ataque.

Nesta parte, você descobrirá as origens da guerra, como o modo de fazer guerra mudou com o passar dos milênios e como estas mudanças moldaram o mundo. Você também verá movimentos atuais que visam acabar com as agressões internacionais.

Capítulo 7

Paus e Pedras: Promovendo a Guerra à Moda Antiga

Neste Capítulo

- Voltando às origens da guerra
- Organizando exércitos dentro das civilizações
- Combatendo a versatilidade mortal dos assírios e persas
- Reunindo legiões romanas

Sem guerra, a História Humana seria muito diferente, talvez até irreconhecível. As histórias de guerra estão entre as primeiras e mais influentes histórias do folclore e da literatura. Um grande exemplo é *A Ilíada*. Durante milênios, todos sabiam quem havia participado da Guerra de Troia e que os gregos eram seus vencedores graças ao poema épico.

As culturas de todas as partes do mundo adoravam os deuses da guerra e eram definidas por suas conquistas militares. Ao observar como as primeiras guerras eram travadas, podemos ter uma ideia do que colocou esta espécie violenta no caminho que levou mísseis inteligentes, aeronaves invisíveis e bombas de nêutrons.

A Luta como Antigo Modo de Vida

Quando os forasteiros se depararam pela primeira vez com os vales do interior da Nova Guiné nos anos 1930, encontraram inúmeros vilarejos de fazendeiros da Idade da Pedra que viam as pessoas dos vilarejos vizinhos como eternos inimigos, ou pelo menos inimigos em potencial. As guerras por vingança, cujos motivos causas originais acabaram se perdendo no tempo, eram a regra.

No final dos anos 1970, a antropóloga Carol Ember relatou que 64% das sociedades caçadoras do mundo na época faziam pelo menos uma guerra a cada dois anos. A guerra era rara ou ausente em apenas 10% dos grupos estudados. Nos anos 1980, outro antropólogo, K. E. Otterbein, obteve resultados ainda mais surpreendentes: estudando povos caçadores e agricultores primitivos, ele descobriu que 92% faziam guerra.

Os arqueólogos observam a frequência com que crânios humanos parecem ter recebido golpes violentos capazes de quebrar o osso, como se fossem desferidos por tacos ou machados. As provas sugerem que a antiguidade foi uma época violenta e que as pessoas sempre fizeram guerra ou pelo menos se envolveram em lutas armadas.

Reunindo Exércitos

Os homens das cavernas faziam guerra, mas ela só foi organizada em larga escala quando surgiram as civilizações. Os exércitos surgiram entre as primeiras civilizações do Oriente Médio, assim como as formações, tais como a coluna e a linha; e as estratégias militares clássicas, tais como a *manobra de flanco* (cercar a linha do inimigo pela lateral).

Em algum momento após 10000 a.C., o arco e o bodoque foram incluídos no arsenal de guerra. Assim como as primeiras lanças e machados, estes itens certamente serviam como ferramentas de caça, mas mudaram a maneira como as guerras eram travadas. Um arco de madeira com corda feita de tripa de animais podia atirar uma flecha com ponta de pedra a uma distância maior que um campo de futebol.

PAPO DE ESPECIALISTA

Feito com um bloco de couro com duas fitas finas ligadas a ele, o *bodoque* (ou estilingue) tinha ainda mais alcance. O atirador colocava uma pedra ou um projétil feito com barro cozido e solidificado no apoio, girava ao redor de sua cabeça pelas alças e soltava uma das alças, fazendo o projétil voar. O herói bíblico Davi derrubou o gigante filisteu Golias com um bodoque. Impressões na pedra do século X a.C. mostram soldados mesopotâmios (originários de onde atualmente fica o Iraque) utilizando a arma.

Proteção contra invasores

As cidades antigas tinham muros de defesa, talvez para afastar animais predadores, mas a maioria dos estudiosos da Pré-História que analisam os muros de defesa acham que eles foram construídos para proteção contra invasores. Jericó, talvez a cidade mais antiga a deixar uma quantidade significativa de ruínas, era diferenciada por um poço de defesa ao redor da comunidade, um muro de pedra e uma torre com escadaria interna. As torres permitiam visualizar a força invasora enquanto ela ainda estivesse distante e, do topo, era possível atirar projéteis sobre os visitantes indesejados.

Outra ruína antiga, a cidade de Catal Huyuk, no centro da Turquia, é composta, em grande parte, por casas sem janelas e sem portas — mais uma vez, provavelmente projetadas para oferecer segurança contra invasores. Quando sitiados, os moradores das casas podiam pegar suas escadas e subir por entradas que ficavam no telhado da casa, fechar a porta e esperar o ataque.

As defesas evoluíram onde quer que as pessoas tenham se envolvido em conflitos, o que corresponde praticamente a todas as partes do mundo onde viveram pessoas. Os moradores de vilarejos europeus de aproximadamente 4 mil anos atrás construíram fortes nas montanhas rodeados por proteções de terra. Por volta de 220 a.C., os chineses construíram as primeiras partes da Grande Muralha para se protegerem dos nômades do norte. No final, a Grande Muralha estendeu-se por 3600 quilômetros. Quando os exploradores europeus chegaram à Nova Zelândia no século XVIII, encontraram guerreiros Maori dentro de fortes de madeira no topo dos penhascos da costa.

O avanço da tecnologia das armas: O uso do metal

Com a evolução das defesas, as armas também evoluíram. Um grande avanço veio com as lâminas e pontas de metal. Um homem mumificado de aproximadamente 3300 a.C., encontrado nos Alpes italianos, carregava um machado de cobre. Entretanto, o cobre é um metal maleável, o que limitou seu uso como arma. Por volta de 3000 a.C., os ferreiros do Oriente Médio misturavam cobre com estanho para formar um metal mais duro, o bronze.

O bronze produzia lâminas de corte e pontas afiadas. As pessoas também usavam o bronze para fazer capacetes, escudos e armaduras. Machados e espadas de bronze passaram a ser um padrão. O ferro, que era ainda mais duro, começou a ser usado em cerca de 1500 a.C.

Indo para a batalha: Cascos e rodas

Por volta de 300 a.C., na Mesopotâmia, os exércitos usavam carroças com rodas para transportar os soldados. O povo sumério, talvez a primeira grande civilização urbana, criou veículos pesados e desajeitados com quatro rodas de madeira, puxados por burros ou por bois.

Após aproximadamente 1800 a.C., os exércitos preferiram os cavalos. Eles atrelavam cavalos a carroças com duas rodas, que eram mais rápidas e mais leves do que as anteriores, mas ainda eram grandes. Diferentemente das bigas do filme *Ben Hur*, de 1959 (cujo cenário é a Roma do ano 1 AD), estas primeiras carroças transportavam vários homens — guerreiros, lançadores de dardos e um motorista. Os assírios, cuja civilização teve origem na cidade-estado de Assur, na parte superior do Rio Tigre, fizeram um bom uso das carruagens nas batalhas.

Os Fantásticos Arsenais Assírios

No Oriente Médio, sumérios, egípcios, babilônios e hititas eram potências militares no início da maré de poder marcial. Mas outros povos menos conhecidos — como os hurritas, mitanianos, cassitas, elamitas e amoritas — também tinham forças armadas.

Os assírios eram um povo particularmente guerreiro. Talvez a agressividade assíria tenha começado com a defesa. No século XI a.C., ondas de invasores nórdicos do norte atacaram o reino assírio em uma área de apenas 80 por 160 quilômetros ao longo do Rio Tigre, no norte da Mesopotâmia. Porém, no final do século seguinte, os guerreiros assírios começaram a tomar outras sociedades até formarem um império com 1500 quilômetros de uma fronteira à outra, estendendo-se do Egito até o Cáucaso (entre o Mar Negro e o Mar Cáspio).

Montando as unidades

Com seu tamanho, os assírios podiam construir um exército de 100 mil homens. Mas eles também tinham unidades especializadas: unidades que se moviam rapidamente, infantaria com armaduras leves e infantarias mais lentas, porém com armaduras mais pesadas; guerreiros com lanças, arcos, bodoques, dardos e espadas; e carruagens de guerra.

MARCO

No entanto, o mais impressionante de tudo é que os assírios tinham unidades de engenharia. Corporações avançadas abriam trilhas e construíam estradas para as carroças. Quando o exército precisava cruzar um rio, os engenheiros construíam uma ponte improvisada — como foi feito durante milhares de anos depois. Para as pontes improvisadas, eles usavam peles de animais e troncos ou jangadas unidas para formar uma estrada flutuante.

Os assírios também foram os pioneiros em encontrar maneiras de romper as defesas de uma cidade. Eles construíam *armas de cerco*, que eram torres sobre rodas ou, às vezes, pontes que podiam ser movidas para perto dos muros das cidades. As armas de cerco eram feitas com troncos e cobertas com camadas de couro de vaca, que bloqueavam as flechas. Os invasores podiam ficar lá dentro até que a arma estivesse posicionada; em seguida, subiam por dentro, saíam pelo topo e pulavam o muro. Outro método envolvia a construção de uma rampa de terra e pedregulhos para escalar paredes.

Às vezes, os engenheiros assírios desciam ao invés de subir — eles cavavam por baixo do muro de uma cidade e calçavam o túnel com pedaços de madeira, como em uma mina. Quando estavam sob o muro, os engenheiros queimavam os suportes do túnel e saíam para a luz do dia. Os suportes queimavam, o túnel caia e o muro, literalmente minado, também caía. Os soldados avançavam pelo vão que havia sido aberto.

Provocando o caos

Atrocidades, como o assassinato de todos os moradores de uma cidade ou deportação em massa de populações inteiras, estão entre os piores aspectos da guerra moderna, mas o assassinato e a deportação não são nada modernos, e os assírios já adotavam os dois procedimentos. Certa vez, eles deportaram 27 mil judeus — as Tribos Perdidas que desapareceram na História — para o leste da Síria. Os assírios usavam os prisioneiros como escravos e às vezes era economicamente mais vantajoso capturar ou prisioneiros do que matar a todos.

Os assírios finalmente saíram do poder no final do século VII a.C., quando os povos vizinhos uniram-se contra eles, mas isso não significava que os métodos militares assírios estavam esquecidos. Os persas construíram seu próprio império com táticas de guerra herdadas dos assírios.

Plantando e Lutando Juntos na Grécia

Assim como a forma de governo e o modo de pensar dos antigos gregos, uma tática de guerra grega também extrapolou os limites geográficos da Grécia e de sua economia rural.

Os soldados gregos dos séculos VI e V a.C. eram, em sua maioria, pequenos proprietários de terra, fazendeiros familiares que tiravam o sustento dos campos espalhados nas montanhas rochosas. Sua condição de proprietários de terra fazia deles membros de uma classe média privilegiada, o público de cidadãos. Como estes fazendeiros estavam determinados a manter o controle de sua propriedade e de suas comunidades, eles se voluntariaram como *hoplitas*, soldados fortemente armados que andavam a pé. O serviço militar gratuito era o sinal de fazer parte da comunidade.

Cada cidadão grego que podia pagar pelo equipamento — um peitoral de bronze, um capacete com crina de cavalo, uma espada de ferro curta, proteções para as pernas e o item mais essencial, uma lança com 2,7 metros de comprimento — podia se alistar. Os hoplitas herdaram este nome de outro equipamento: o pesado escudo de madeira que carregavam através de duas alças. Eles deslizavam uma alça pelo antebraço esquerdo até o cotovelo e seguravam a outra alça, na borda do escudo, com a mão esquerda.

Servindo ombro a ombro

O armamento pesado dos hoplitas era apropriado ao modo como os gregos lutavam: em uma formação apertada, em forma de porco-espinho, chamada *falange*. Esta formação surgiu a partir de conflitos entre cidades-estado concorrentes.

Em disputas formais, geralmente por terras cultiváveis, os dois lados decidiam a questão através da formação de uma coluna armada de frente para a outra em campos abertos. Cada lado tentava intimidar o outro a ceder.

Quando você ouvir alguém descrevendo qualquer grupo de pessoas agressivas (por exemplo: repórteres cobrindo um assunto muito importante) como uma *falange*, lembre-se de que as falanges originais eram muito mais mortíferas (e talvez menos atrevidas do que os repórteres modernos). Na formação de batalha, a lança de um homem conseguia alcançar além do homem que estava posicionado à sua frente.

Os hoplitas lutavam ombro a ombro. Eles não conseguiam enxergar bem por causa de seus capacetes e não podiam se mover rapidamente por causa do armamento pesado. O que os hoplitas podiam fazer era avançar atrás de seus escudos, que protegiam tanto o homem que o segurava quanto o lado armado de seu vizinho.

O historiador grego Xenofonte colocou esta interdependência em seu contexto agricultural: "Plantar ensina uma pessoa a ajudar outras. Ao combater inimigos, assim como ao trabalhar na terra, cada pessoa precisa da ajuda das outras".

Quando duas falanges gregas se confrontavam, uma podia invadir a formação da outra. A falange rompida tornava-se ineficaz, pois seus membros, cegos pelos capacetes e sobrecarregados de armas, podiam ficar confusos e lutar uns contra os outros. Isso aconteceu na Batalha de Délio, em 424 a.C., quando os espartanos invadiram a linha ateniense e os atenienses, separados, pegaram suas espadas e começaram a atacar tudo que se movia, inclusive seus companheiros.

Combatendo os persas

Com o tempo, as falanges provaram ser eficazes contra as formações militares de outras culturas, incluindo as infantarias leves, que se moviam mais rápido (soldados que andavam a pé sem armamento pesado), e até mesmo invasores a cavalo.

Os hoplitas passaram por um grande teste em 490 a.C., quando o rei Dario I da Pérsia invadiu a Grécia. Os atenienses e os hoplitas aliados estavam em maior número, dois para um, e confrontaram os persas em Maratona.

Os persas organizavam seus exércitos ao longo de linhas desenvolvidas pelos assírios, com cavalos, arqueiros, espadachins e engenheiros — o pacote completo, coordenado e polivalente. Para as forças de Dario, este monte de soldados que carregavam lanças e que se pareciam com escudos com pernas de bronze pareciam ser fáceis de vencer. Mas os gregos não recuavam. Quando um hoplita caía, o hoplita que estava atrás dele passava por cima dele e continuava o avanço. Os gregos continuaram assim até que seus *flancos* — as duas pontas de cada linha — tomaram a parte mais vulnerável das forças persas e acabaram cercando os persas. Neste momento, o exército de Dario sabiamente deu meia-volta e fugiu para os barcos.

Os gregos, novamente em número maior, derrotaram os persas 11 anos mais tarde em Plateia. A falange grega fez da infantaria pesada *a* força essencial de sua época. Durante séculos, comandantes colocaram cavalaria e arqueiros como suporte para os soldados a pé fortemente armados.

Enfrentando a ferocidade macedônia

Os gregos finalmente sucumbiram a uma força estrangeira, não aos poderosos persas, mas a um rei de uma cidade ao norte da Grécia, Filipe da Macedônia, que inventou sua própria versão das falanges.

Imagine Clint Eastwood em seu papel mais duro e cruel, no papel de Filipe, um homem durão. Filipe colocou a cavalaria atrás da infantaria e cada cavaleiro estava armado com um *xyston*, uma lança com 3,8 metros e uma ponta de ferro com 30 centímetros nos dois lados. Eram duas as tarefas da cavalaria:

- Apoiar os soldados a pé
- Matar qualquer companheiro entre eles que se virasse para fugir

A Macedônia organizou sua infantaria em uma falange, mas fez melhorias cruciais. Os soldados de Filipe usavam um escudo pequeno e redondo, que não era tão pesado (nem tão protetor) quanto o grande escudo hoplita, no ombro esquerdo, deixando as duas mãos livres para manejar uma lança longa chamada sarissa. A *sarissa* era como o xyston da cavalaria, mas era mais longa, medindo entre 4 e 6 metros de comprimento, com uma ponta especial de metal em cada lado. Um soldado podia prender a lança no chão e empalar um cavaleiro com a ponta que era mais parecida com uma espada. A sarissa era tão longa que as pontas das armas carregadas pelos soldados da quarta fileira de uma falange macedônia geralmente alcançavam a primeira fileira (veja a Figura 7-1).

Figura 7-1: A falange macedônia era um porco-espinho em movimento, composta por homens musculosos, madeira e metal.

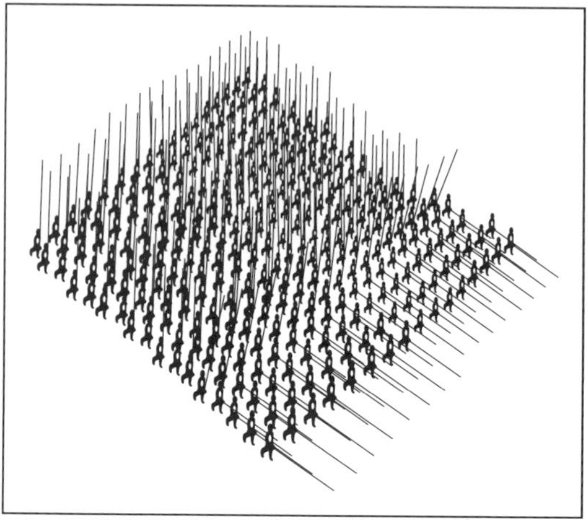

O exército macedônio também aproveitou o melhor das armas e táticas assírias e persas. Filipe da Macedônia utilizou arqueiros, lançadores de dardos e atiradores de bodoque (especialistas em usar um estilingue de couro para lançar pedras pequenas, porém mortais, sobre um inimigo). Assim como os assírios, ele absorvia os exércitos conquistados e pedia que eles usassem suas próprias armas e formações para ajudar suas tropas. Filipe também empregou o estilo dos engenheiros de combate assírios. Seus inventores aprimoraram a arma de cerco, acrescentando uma ponte retrátil no topo e muitas plataformas para os arqueiros. Esta nova arma não precisava ficar muito próxima do muro da cidade; se chegasse perto o suficiente, os invasores podiam acionar a ponte retrátil e atravessar até o campo de batalha.

Ainda mais criativa do que a arma de cerco aprimorada, os engenheiros macedônios construíram uma catapulta que usava a tensão do pelo ou do tendão de um animal para arremessar uma enorme pedra a uma distância de 300 metros.

A abordagem de Filipe com relação à guerra incentivou o sucesso de seu filho, Alexandre, o Grande. Alexandre levou os gregos conquistados consigo quando virou o jogo contra os persas, completamente derrotados, e marchou pela Mesopotâmia e mais além para conquistar uma parte da Índia. As tropas de Alexandre não se intimidaram pela mais nova arma dos indianos: elefantes de guerra encouraçados.

Fazendo Guerra à Moda Romana

Os latinos, pastores que construíram uma cidade no Rio Tibre, onde atualmente fica a Itália, estavam entre os muitos povos mediterrâneos que admiravam e imitavam o modo de lutar grego.

No final do século VI a.C., os latinos organizaram-se em uma falange em estilo grego e desafiaram seus soberanos ao norte, os etruscos. Os latinos venceram e sua cidade, Roma, passou a ser o centro de uma nova cultura baseada na destreza militar.

Marchando em três níveis

Os pastores latinos se transformaram nos romanos, que logo descobriram que a falange era ótima para combater os etruscos (outro povo influenciado pelos gregos), mas não era perfeita para combater as tribos vizinhas, que eram menos avançadas.

LEMBRE-SE

Os gregos desenvolveram a falange em terras de plantio — *campos* de batalha. Os vizinhos tribais dos romanos não tinham interesse em marchar em formação em uma montanha aberta. Movimentando-se mais rápido do que os romanos, que carregavam escudos, um grupo de homens da tribo podia atacar pelos flancos ou esconder-se atrás das árvores e armar um ataque.

Até mesmo os gregos acabaram descobrindo que a falange tradicional era cada vez menos eficaz — principalmente com a evolução das forças armadas nas últimas décadas da Grécia Clássica, de bandos de soldados fazendeiros a uma mistura de cidadãos e residentes estrangeiros, sendo que alguns deles eram mercenários pagos. Um estilo ombro a ombro, soldado com soldado, não funcionava muito bem se você não tivesse certeza de quem era o homem ao seu lado.

Precisando de seu próprio estilo militar, mais flexível, os romanos criaram a *legião* no século IV a.C. A legião era composta por três linhas de soldados a pé. Apenas a terceira linha levava lanças tradicionais. As duas primeiras linhas levavam uma variação chamada *dardo* (ou *pilum*), criada para ser arremessada, com um avanço tecnológico muito interessante: a ponta era desenhada para dobrar e quebrar, deixando a arma inútil para o inimigo depois que ela atingia o alvo. A ponta dobrada também tendia a grudar no escudo, na armadura ou na carne do oponente.

A legião romana funcionava da seguinte maneira:

- **Hastati:** a primeira linha, composta por jovens, lançava seus dardos e, em seguida, sacava e empunhava suas espadas. Se precisassem recuar, eles trocavam de posição com a fileira de trás.
- **Principes:** a segunda linha, mais experiente, também lançava seus dardos. Em seguida, empunhava armas. Se eles também achassem que deveriam recuar, ficavam atrás da terceira fila.
- **Triarii:** a terceira fila de soldados formava uma linha defensiva sólida para permitir que as outras duas linhas recuassem em segurança. Mas as batalhas romanas raramente chegavam a este ponto.

Recrutando uma força permanente

Apesar do sucesso — e por causa dele — os comandantes romanos perceberam, por volta do ano 100 a.C., que precisavam mudar o poder militar do império. Combatendo inimigos da Alemanha à África e ao Mar Negro, o Império Romano cresceu tão rápido que as legiões republicanas de soldados cidadãos não conseguiram acompanhar. As tropas que estavam distantes das fronteiras não podiam voltar para casa e cuidar de suas propriedades após alguns meses de campanha.

Além disso, a prosperidade que veio com a expansão de Roma e o resultante aumento no comércio deixaram a rica classe dos patrícios de Roma ainda mais rica. Os homens ricos estavam acumulando grandes propriedades cultivadas por escravos e não por soldados cidadãos fazendeiros, os pequenos proprietários de terra que, tradicionalmente, guarneciam as legiões. E os escravos eram dispensados do serviço militar.

Roma suou para preencher as filas das legiões. Os recrutadores começaram a ignorar o requisito de ser dono de propriedade para entrar no serviço militar. Os comandantes recorreram aos pobres da cidade para preencher as vagas, mas as coisas já não eram mais as mesmas. Os novos soldados não tinham a mesma posição no império. Era mais difícil discipliná-los.

Gaio Mario, um soldado da classe pobre que chegou ao posto político de cônsul, percebeu que chegara o momento de Roma abandonar a antiga ideia da milícia civil e criar um exército em período integral, profissional.

O exército profissional funcionou. A carreira militar passou a ser uma opção atraente e um meio para conseguir mobilidade social. No entanto, havia uma desvantagem. Ao invés de serem leais a Roma, como os soldados cidadãos, os novos soldados eram leais, primeiramente, aos seus comandantes. A república ficou vulnerável às guerras civis. Um líder militar cujas tropas eram mais leais a ele do que ao governo poderia se transformar em um ditador ou em um imperador. Roma passou a ser oficialmente um império (isto é, governado por um imperador autocrata) com a coroação de Augusto César em 31 a.C..

Diversificando a legião

A ascensão de Augusto não foi o fim dos soldados cidadãos. A estratégia romana nos séculos seguintes do Império Romano do Ocidente (o Império Romano do Oriente passou a ser o Império Bizantino) envolveu muito trabalho defensivo. Os defensores residentes foram importantes para proteger postos e cidades fortificadas e contra um ataque bárbaro.

O quanto as tribos que atacavam as fronteiras de Roma eram guerreiras? O povo lombardo recebeu o nome da arma que usava: *lombardo* significa "machado comprido". Os saxões herdaram seu nome não de um instrumento musical com som *sexy* (que só foi inventado no século XIX), mas de um facão chamado *sax*. Imagine uma nação moderna chamada Mísseis Termonucleares.

A tarefa do Império Romano de resistir às invasões demandava muitas pessoas. Residentes de lugares como a Gália (atual França) prontificaram-se a defender suas cidades. A antiga ideia de que os guerreiros lutavam melhor para defender sua terra estava de volta.

Quando Átila, o huno, invadiu a Gália em 451, ele e seus temidos aliados passaram meses tentando derrubar as defesas das cidades muradas. Eles ficaram sem comida e não tinham alimentos para seus cavalos. Enquanto Átila trabalhava na cidade de Orleans, o exército do general romano Aécio, composto por soldados germânicos criados principalmente na Gália, atacava e perseguia os hunos em Châlons. Lá, os hunos revidaram e lutaram, mas estavam esgotados demais para conseguir vencer (note, porém, que foi preciso uma cavalaria romana para vencer Átila).

O retorno aos cavaleiros

Os estrategistas militares consideraram a cavalaria secundária em relação à infantaria durante séculos. Porém, depois que os hunos assassinos varreram a Europa montados em cavalos, aterrorizando a todos com sua fúria, os estrategistas de guerra acordaram para a importância da velocidade.

Por volta do século VI AD, Roma não governava mais o oeste da Europa, mas o ramo oriental do império, baseado em Constantinopla, resistiu. Lá, unidades a cavalo patrulhavam as grandes fronteiras do Império Bizantino e ajudavam os arqueiros de armaduras leves, que podiam movimentar-se mais rapidamente do que a infantaria pesada, a qual era a espinha dorsal das forças romanas e gregas. Os antigos guerreiros que carregavam escudos agora atuavam na defesa.

Capítulo 8

A Máquina da Guerra É Aprimorada

Neste Capítulo

- Usando estribos para lutar de maneira mais eficaz
- Vestindo roupas de metal para se defender de flechas e lanças
- Transformando fagulhas dos fogos de artifício em armas de fogo
- Derrubando o Império Bizantino com o uso de grandes armas

Desde antes da invenção da lança, a guerra sempre estimulou a tecnologia. Os engenheiros militares assírios, os inventores de armas macedônicos e os construtores de fortificações romanos eram os especialistas em armas de suas respectivas épocas.

É difícil imaginar alguém inventando uma substância tão horrível quanto o *fogo grego*, um líquido altamente inflamável que foi inventado muito antes do napalm do século XX, se não fosse para ser utilizado como arma. Além disso, o trabalho em metal parece ter se alimentado da necessidade de fabricantes de armas e armaduras. Por outro lado, as invenções também incentivaram a guerra.

Mais de um milênio atrás, duas pequenas inovações na Ásia permitiram e exigiram muitos ajustes no modo como as guerras eram travadas e até mesmo no modo como eram encaradas. As inovações foram:

- **Pólvora:** Os chineses misturaram o primeiro lote no século IX AD, embora eles não tenham tentado explodir ninguém naquela época.

- **Estribo:** Muito menos brilhante que a pólvora, mas surpreendentemente prático, o estribo — aquele objeto onde você coloca o pé para subir e andar a cavalo — passou a fazer parte dos equipamentos dos cavalos dos soldados chineses no século IV AD.

Reinventando a Cavalaria

A pólvora e o estribo acabaram indo para o ocidente, partindo da Ásia para a Europa, mas o estribo chegou primeiro. Ele coincidiu com uma nova ênfase na velocidade e na mobilidade. A guerra sobre cavalos ganhou mais importância nos tempos medievais e adotou diversas formas, variando do conquistador árabe levemente armado, sobre seu cavalo pequeno e rápido, até o cavaleiro europeu, com sua armadura de aço, sobre seu cavalo forte e protegido.

Alto e montado com os estribos

Os estribos facilitaram e muito o equilíbrio do cavaleiro enquanto ele manejava a espada, mirava com o arco e, principalmente, nas manobras estratégicas. Esta estabilidade, por sua vez, permitia que os já violentos cavaleiros carregassem armas maiores com mais controle. A era da cavalaria de armadura na Europa teria sido impensável sem os estribos. Alguns dos estilos dos séculos XIII e XIV são mostrados na Figura 8-1.

Imagine um cavaleiro vestido com uma armadura de aço, segurando uma lança longa e pesada em um braço enquanto tentava usar suas coxas e bumbum metálicos para se equilibrar em cima do dorso instável de um cavalo a galope. Não ia dar certo. Mas dê ao mesmo cavaleiro duas plataformas penduradas, uma para cada pé, para que ele possa se erguer e centralizar seu peso, e a armadura pesada e a lança passam a ser mais ameaçadoras do que incômodas.

PAPO DE ESPECIALISTA

O estribo teve origem na China ou na Ásia Central, entre as tribos e os clãs nômades que geralmente são chamados de *bárbaros*.

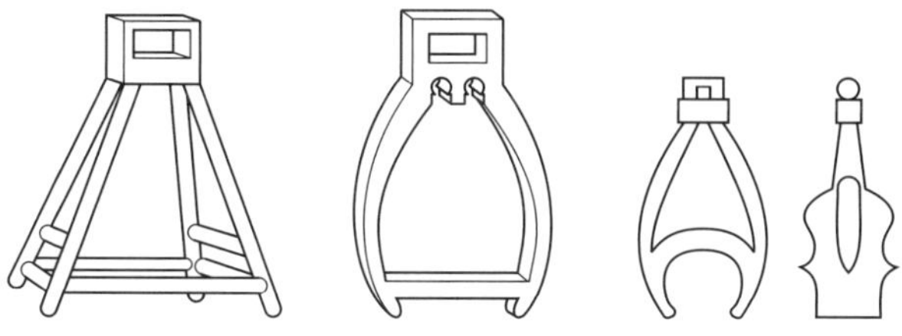

Figura 8-1: Vista frontal e lateral de diferentes estribos, uma inovação tecnológica que mudou o modo de se fazer guerra.

Invasões a cavalo como modo de vida

Os soldados chineses começaram a usar os estribos por volta do século IV AD, mas os cavaleiros nômades asiáticos chamados *avaros* provavelmente usavam esta invenção desde o século I a.C. Os pés dos cavaleiros já se apoiavam em estribos quando os avaros invadiram o leste europeu em 568 AD, tomando as terras do Vale do Danúbio do Império Bizantino.

Os avaros e outros povos bárbaros usaram os estribos para atacar vilas e cidades e tomar o que quisessem — mercadorias valiosas, comida, dinheiro e, às vezes, até o controle de uma região ou de um império. As invasões passaram a ser um modo de vida para algumas tribos nômades das estepes do interior da Ásia. Como estes pastores e caçadores tinham pouco a oferecer em troca para os fazendeiros e cidadãos, como os chineses, eles recorriam à força para obter o que queriam.

LEMBRE-SE

As invasões são melhores quando são rápidas. Você ataca e, em seguida, abre grande distância de seu alvo. A cavalaria deu uma vantagem aos invasores e os estribos melhoraram ainda mais seu desempenho.

Protegendo as fronteiras bizantinas

O rico Império Bizantino era um dos principais alvos dos invasores, portanto, patrulhas a cavalo eram obrigatórias para proteger suas fronteiras. Os estribos, provavelmente copiados dos avaros, deram às patrulhas bizantinas uma vantagem sobre os europeus do oeste, que ainda não tinham esta tecnologia. Esta superioridade foi combinada ao uso de um *comissariado* (uma organização de apoio que garantia que os cavaleiros e os soldados tivessem o suficiente para comer, até mesmo durante cercos mais longos) e fez do Império Bizantino um local extremamente difícil para invasões de forasteiros. Constantinopla, a capital bizantina, precisava de todas as vantagens possíveis nos séculos VII e VIII, já que suas tropas enfrentavam um novo e persistente inimigo: os árabes.

Os árabes também usavam estribos, em cavalos relativamente menores e mais rápidos. Excelentes cavaleiros, os árabes concentravam seu fervor na disseminação de sua nova religião, o Islã, nos séculos VII e VIII. Eles tomaram o controle do Oriente Médio e as terras a leste, na Índia, e ao norte, cruzando o norte da África e a Espanha.

No entanto, Constantinopla resistiu aos árabes. A capital bizantina (atualmente Istambul, na Turquia) tinha uma incrível posição estratégica, localizada em uma terra alta que se projetava para o mar. Incapaz de tomar a capital a cavalo no século VIII, os árabes tentaram os navios, montando um bloqueio naval que poderia ter sido bem-sucedido se não fosse pelo fogo grego. Um segredo militar, o *fogo grego* devia conter principalmente nafta, refinado de óleo de carvão que chegava à superfície vindo de depósitos subterrâneos. O que quer que fosse, o fogo grego incendiava com impacto e se dissipava pelo ar.

Os bizantinos catapultaram potes de barro cheios de fogo grego sobre o convés dos navios inimigos, fazendo com que ardessem em chamas. Mesmo se os potes errassem o alvo, o conteúdo queimava sobre a água. Às vezes, os bizantinos borrifavam o fogo grego com bombas manuais. Depois de perder muitos navios, os árabes suspenderam o bloqueio.

O desafio dos mouros

Os árabes podem não ter conseguido tomar Constantinopla, mas sua estratégia de cavalaria leve funcionou em praticamente todos os outros lugares (*cavalaria leve* são unidades armadas que andavam a cavalo e que valorizavam a velocidade). Em 711 AD, os árabes muçulmanos conquistaram a Espanha, que permaneceu sob controle muçulmano muito após a divisão do grande Império Árabe em reinos islâmicos regionais.

Os muçulmanos da Espanha, que avançaram a partir do norte da África, rapidamente passaram a ser chamados de *mouros*. Os cristãos, que viviam um pouco mais ao norte, principalmente os francos, não gostavam de tê-los como vizinhos.

Governando a antiga Gália (atual França e grande parte da Alemanha), os *francos* eram guerreiros a pé ao velho estilo bárbaro, bastante disciplinados e dispostos a se adaptar. Quando os rápidos mouros invadiram suas fronteiras, o rei franco sabia que precisava de mais velocidade. Sua solução foi reunir sua própria cavalaria.

Ironicamente, para derrotar os mouros invasores em Poitiers em 732 AD, o rei da época, Carlos Martel, ordenou que seus cavaleiros descessem dos cavalos. Enfrentando os invasores com escudos e lanças, os francos resistiram rapidamente e repeliram os mouros com sucesso.

Apesar do retorno às táticas de infantaria, esta batalha marcou o início da idade da cavalaria, um tempo em que os cavaleiros armados dominaram as guerras europeias.

A cavalaria

As palavras *cavalheiro* e *cavalheirismo* relacionam-se à palavra francesa *chevaux*, que significa "cavalo", e a outras palavras baseadas em cavalos, como *cavalier* e o espanhol *caballero*. Estas palavras mostram como as pessoas da Idade Média associavam nobreza, gentileza e coragem aos guerreiros montados. Assim como na Roma antiga, o soldado montado tinha um status negado ao soldado a pé.

Esta era da cavalaria, assim como muitas eras anteriores e posteriores, glorificava a violência. As pessoas viam as habilidades de luta como uma marca de civilização. Jean Froissart, um crônico francês do século XIV, escreveu: "Os gentis cavaleiros nasceram para lutar, e a guerra enobrece a todos que se dedicam a ela sem medo ou covardia".

Enobrecedora ou não, a guerra custa dinheiro, portanto passou a ser muito custoso bancar um cavaleiro armado e montado. O rei franco Carlos Martel ajudava seus cavaleiros a pagarem por seus equipamentos tomando as terras da Igreja medieval e dando-as aos nobres guerreiros. Sob o sistema do feudalismo, um senhor de terra lucrava com as colheitas de seus fazendeiros arrendatários.

Carlos Magno, um rei franco que governou um pouco mais tarde e o primeiro a reunir grande parte da Europa após a queda dos romanos, conseguiu esta unificação com sua cavalaria.

As Armaduras de Metal

A cultura de cavalaria durou centenas de anos na Europa. Nos filmes, esta cultura é associada ao lendário Rei Arthur, que pode nem ter realmente existido. Se existiu, Arthur provavelmente liderou os bretões celtas contra os invasores saxões no século VI AD, mas ele certamente não fez isso usando armaduras de placas de metal como mostram os filmes. Elas só começaram a ser usadas 800 anos mais tarde, no século XIV.

Entrelaçando anéis de metal: A malha de corrente

Antes da armadura de placas, os cavaleiros usavam a malha de corrente; antes dela, vestiam armaduras de escamas, uma defesa contra flechas desde os tempos dos assírios.

- A **armadura de escamas**, similar às escamas de um lagarto, era feita com pequenas placas de metal costuradas em fileiras que se sobrepunham em um colete de couro.
- A **malha de corrente** era um pouco mais complexa que a armadura de escamas. Ela era composta por anéis de metal entrelaçados, com a forma de uma jaqueta que ficava ajustada ao corpo.

Os cruzados vestiram a malha e foram para o leste para libertar (em suas palavras) a Terra Santa do controle muçulmano. A malha de corrente tornou-se obsoleta somente quando os arqueiros conseguiram arcos melhores — que podiam atirar uma flecha ou um dardo metálico mais mortífero — com força suficiente para perfurar a malha.

Mais potência para o arco dos arqueiros

A besta foi outra invenção chinesa, e bastante antiga, datando do século IV a.C. Os arqueiros europeus redescobriram o poder mortal da besta no século X AD.

Um arco curto e extremamente firme foi montado sobre uma tora de madeira, com um mecanismo para puxar a corda do arco e prendê-la com mais tensão do que um homem conseguiria se puxasse a corda com a mão. O projétil era disparado com uma alavanca no dedo, ou um gatilho.

A besta normalmente atirava pequenos *dardos* e não flechas. Estes dardos eram feitos de metal e penetravam materiais que uma flecha de um arco convencional não era capaz de penetrar. Os normandos que conquistaram a Inglaterra em 1066 usaram a besta.

O papa Urbano II desaprovou o uso da besta em 1096, alegando que ela era "odiada por Deus". Em 1139, a Igreja baniu a besta para uso contra os cristãos (quando se tratava de pagãos, como os *sarracenos*, um nome dados aos turcos e a outros muçulmanos, a arma não tinha nenhum problema).

Carregando a lança

Embora os cruzados utilizassem a besta, eles a viam como uma forma de desonra. As regras da cavalaria centravam-se no combate pessoal. Quando não havia guerra a ser travada, os cavaleiros enfrentavam uns aos outros em *justas*, que geralmente eram violentas e até mortais.

A *lança*, uma arma longa e pontuda que um cavaleiro combatente carregava sob o braço, tinha uma força incrível. Cavaleiros vestidos com cada vez mais metal equilibravam-se sobre seus estribos e se agarravam em selas de espalda alta usando esta variação de lança antiga para tentar derrubar o oponente de seu cavalo. Armaduras mais pesadas evitavam que fossem perfurados.

Batalhas simuladas permitiam que os cavaleiros ganhassem status e se preparassem para as batalhas reais, mas também estas simulações eram bastante reais. Em um torneio de 1241 em Neuss, Alemanha, aproximadamente 80 homens e rapazes morreram nos jogos.

O arco longo combina precisão e poder

O *arco longo* inglês, um aprimoramento da antiga tecnologia galesa, passou a ser a última palavra em armamento durante o século XIV. Preciso e poderoso nas mãos de um arqueiro habilidoso, o arco longo dava aos cavaleiros outro motivo para vestir uma armadura sólida de metal.

A Guerra dos Cem Anos realmente durou 100 anos?

O nome Guerra dos Cem Anos sugere dez sólidas décadas de batalhas constantes. Na verdade, não foi uma guerra, mas uma série de conflitos que durou de 1337 a 1453.

Em 1337, Filipe IV da França tomou a Aquitânia (atualmente, uma região no sudoeste da França) de Edward III da Inglaterra, e Edward invadiu a França. No século seguinte ocorreram muitas batalhas e invasões. Mas também houve tréguas, inclusive uma paz que durou 28 anos, depois que Ricardo II da Inglaterra casou-se com a filha de Carlos VI da França, em 1396.

A França acabou ganhando, principalmente porque a Inglaterra — enfraquecida por uma batalha interna, a Guerra das Rosas — desistiu de tentar conquistar seu vizinho do outro lado do Canal da Mancha.

A besta era uma arma poderosa, mas sua precisão e seu alcance eram limitados e ela demorava muito para ser recarregada. Um arco longo inglês podia causar estragos a 220 metros e podia ser recarregado rapidamente. No entanto, somente um arqueiro habilidoso conseguia fazer bom uso de um arco longo. Assim, a Inglaterra precisava de oficiais da casa real para praticar tiro ao alvo (*os Oficiais da Casa Real* eram pequenos proprietários de terra que serviam como soldados quando necessário — assim como os pequenos fazendeiros da antiga Grécia e Roma).

Em 1346, na Batalha de Crécy (na Guerra dos Cem Anos entre a França e a Inglaterra), arqueiros ingleses com arcos longos derrotaram horda após horda de oponentes franceses. A França perdeu mais de 1500 cavaleiros e 10 mil soldados naquele dia. A Inglaterra perdeu apenas dois cavaleiros e menos de 200 soldados no total.

Crécy levou os franceses e outros cavaleiros europeus a usarem armaduras mais pesadas. Ninguém sabia, na época, que os cavaleiros com armaduras estavam caindo de moda e que as armas estavam chegando. Um século mais tarde, as armas de fogo surgiram e superaram qualquer arco já inventado.

Aumentando o Poder de Fogo com a Pólvora

Entre os séculos XII e XVIII, as armas se espalharam da China para o oeste da Ásia, para a Europa e, em seguida, para o mundo todo. Elas avançaram de experimentos primitivos para uma tecnologia de precisão. Os guerreiros foram forçados a rever suas estratégias, às vezes adaptando antigas formações de batalha ao novo armamento, enquanto os defensores precisaram encontrar novas maneiras de fortificar postos de observação e cidades.

Acendendo o fogo da descoberta

Coloque fogo em um rastro de terra com enxofre e você verá uma reação explosiva. Alguém, cujo nome foi perdido na História, notou isso há muito tempo na China e a observação levou outro chinês a fazer um teste, colocando enxofre concentrado junto com carvão vegetal. No século IX AD, outro gênio acrescentou cristais de nitrato de potássio (salitre). Queime esta mistura e você terá efeitos brilhantes que criam um excelente clima em cerimônias formais. Monges taoístas brincaram com os mesmos produtos químicos até inventarem os fogos de artifício.

Com o passar do tempo, os *pirotécnicos* (pessoas que fazem fogos de artifício) perceberam que sua mistura de pólvora podia lançar coisas pelos ares — coisas perigosas. Os soldados também notaram isso. Por volta do século XII, os exércitos da Dinastia Sung acrescentaram granadas metálicas ao seu arsenal. A China foi a pioneira em bombas de fragmentação, cujos invólucros se desfaziam em pedaços mortíferos. Cem anos mais tarde, as fábricas chinesas fabricaram centenas de foguetes e bombas militares, algumas recheadas com venenos, como arsênico, que eram liberados no impacto. Outras eram recheadas com alcatrão e óleo, e tinham o objetivo de iniciar incêndios. Os chineses também construíram as primeiras armas na forma de canos de metal carregados com pólvora, que podiam atirar pedras ou balas de metal.

Espalhando as notícias explosivas

A novidade dos explosivos chineses espalhou-se para o oeste, ao longo da antiga rota comercial, a Rota da Seda. Os árabes compraram armas de fogo primitivas no final do século XIII. Em 1267, a receita da pólvora apareceu na Europa pelas mãos do cientista inglês Roger Bacon.

Menos de um século mais tarde, os exércitos europeus começaram a usar canhões. Os arqueiros com arcos longos, e não seus inovadores companheiros experimentando pequenos "*potes de fogo*" fedidos e barulhentos, decidiram a Batalha de Crécy, mas este canhão primitivo era um sinal do que estava por vir. O primeiro canhão europeu era chamado de *pote de fogo* porque tinha a forma de um pote. Ele disparava uma flecha (sim, uma flecha) com força impressionante, mas era pouco confiável e pouco preciso. Os primeiros fabricantes de armas europeus eram artesãos que, até então, faziam sinos de igreja. Eles geralmente usavam sinos derretidos para fabricar os canhões. Logo, os fabricantes de armas descobriram que um cano tubular funcionava melhor e que poderia atirar munição de metal. Era possível derrubar o portão de um castelo ou destruir uma casa, guardadas as proporções.

O surgimento das armas grandes

Por volta do início do século XVI, o escritor italiano Nicolau Maquiavel observou: “Não existem muros, não importa sua espessura, que a artilharia não possa destruir em alguns dias”.

As armas já eram grandes, embora algumas das maiores não funcionassem muito bem. No início do século XV, alguns canhões primitivos, às vezes chamados de *bombardas*, pesavam 680 quilogramas e disparavam balas com 80 centímetros de diâmetro. Como alguém construiu um tubo metálico daquele tamanho naquela época? Inicialmente, não era um tubo, mas um objeto montado a partir de varas de ferro forjado, como placas curvadas usadas para formar um tubo. Os aros de ferro mantinham as varetas juntas — temporariamente.

Em 1445, os homens da artilharia da Borgonha (um principado independente que mais tarde passou a fazer parte da França) usaram uma bombarda feita de varas e aros durante a invasão contra os turcos, até que um dos aros arrebentou. O mais louco é que eles atiraram novamente. Mais dois aros e uma vara explodiram no tiro seguinte. Em 1460, uma das grandes armas do rei James II da Escócia explodiu e matou o rei e muitos membros de seu destacamento real.

Derrubando os muros de Constantinopla

Às vezes, uma arma grande era essencial. Como expliquei no tópico “Guardando as fronteiras bizantinas”, os árabes não conseguiram tomar Constantinopla. Decidido a usar armas grandes para invadir a cidade, o sultão turco-otomano Mehmet II contratou um fabricante de armas húngaro, que construiu um canhão que podia lançar uma bala a 1,5 quilômetros.

Em 1453, o sultão usou esta arma, chamada *Mahometta*, contra as defesas da capital bizantina e continuou atirando. Assim como muitos destes gigantes, o canhão quebrou depois do segundo dia e ficou inutilizável após uma semana. Mas

Mehmet tinha outras armas grandes. Após 54 dias de ataque, o Império Bizantino, com mil anos, finalmente caiu, vítima do avanço tecnológico.

Aprimorando o novo armamento

Embora os bombardeios em massa tenham funcionado, os líderes militares sabiam que devia haver maneiras menos desajeitadas de vencer batalhas utilizando armas grandes. Os fabricantes de armas trabalhavam visando armas de artilharia que fossem mais úteis e mais versáteis no campo— e que se encaixassem em nichos específicos do arsenal da Renascença.

Deixando as armas mais leves e mais manuseáveis

Finalmente, os especialistas em artilharia descobriram que podiam fabricar armas com o bronze, que era leve, porém forte, ao invés do ferro. Estas armas mais leves e menos desajeitadas podiam ser preparadas com mais rapidez, disparadas com mais frequência (algumas armas grandes podiam atirar apenas uma vez a cada duas horas), e tinham menos propensão a explodir, de forma que podiam causar mais danos do que as armas gigantes.

Melhorando a pólvora com conhaque

As armas melhoraram, mas a pólvora precisava ser aprimorada, pois o enxofre, o carbono e o salitre tinham pesos diferentes. Os cristais de salitre se depositavam no fundo, enquanto o carbono ficava por cima.

A única maneira de garantir que a pólvora funcionasse era misturar os ingredientes antes de colocá-la na arma, o que era difícil e consumia muito tempo. Então, alguém inventou um modo de fazer os ingredientes se misturarem acrescentando conhaque à pólvora e deixando a pasta resultante secar até se transformar em *grãos* que continham os três ingredientes.

Mas que desperdício de conhaque. Os soldados experimentaram alguns substitutos, como o vinagre, que funcionou bem, mas a urina humana funcionava ainda melhor — principalmente a urina de um soldado que usava o conhaque de forma mais prazerosa (no entanto, o cheiro da pólvora piorava desta forma).

Colocando armas nas mãos dos soldados

Inicialmente, as armas eram vistas como substitutas para a catapulta e para o aríete — destrutivos, porém imprecisos. No entanto, com os avanços na artilharia, as armas ganharam precisão e utilidade.

Logo, os fabricantes de armas criaram modelos para uso no campo de batalha — artilharia leve (geralmente canhões puxados por cavalos sobre rodas de carroças) e armas que os soldados podiam carregar. O *canhão manual*, como eram chamadas as armas menores, assustava os cavalos do inimigo (e os cavalos do seu lado) e talvez também intimidasse um ou dois cavaleiros. Porém, durante um tempo, o canhão manual não pareceu um substituto prático para os arcos e as espadas. Como era possível segurar uma arma, mirar e atirar com eficácia com uma carga de pólvora?

PAPO DE ESPECIALISTA

Em meados do século XV, a solução encontrada foi um pavio encharcado de álcool e revestido com salitre, ligado a um gatilho. Ao puxar o gatilho, este *pavio* era baixado até o ponto de contato e acendia a carga de pólvora.

O *mosquete*, mostrado na Figura 8-2, liberava as mãos do atirador para mirar uma arma, inclusive uma que se chamava *arcabuz* — variação do alemão *Hakenbüchse*, que significava "arma com gancho". Alguns deles tinham um gancho, que podia ser encaixado no canto de um muro para atirar. O gancho absorvia parte do choque do poderoso coice da arma.

O termo *mosquete* vem de *mosquito*. Sua função era irritar o inimigo, como o próprio nome diz. Mas os mosquetes não tinham, nem de longe, o tamanho de um mosquito. Muitos deles precisavam ser apoiados sobre uma base, como uma mureta, para que pudessem mirar e atirar. Portanto, além de uma arma pesada, o mosqueteiro também precisava carregar seu incômodo material de apoio.

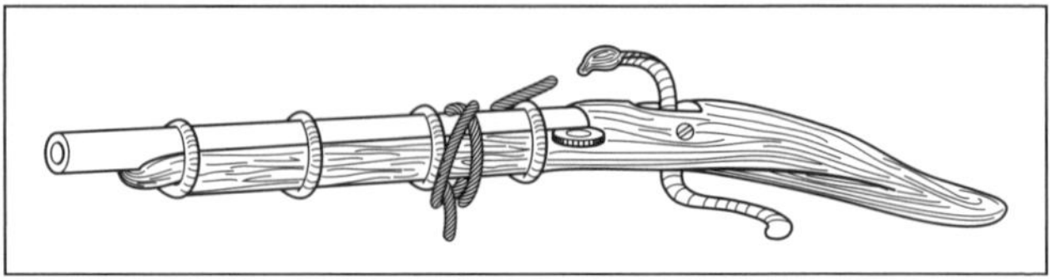

Figura 8-2: O mosquete acrescentou um fusível para acender a pólvora e liberar as mãos dos soldados.

Fagulhas impressionantes

Como um pavio podia liberar uma faísca e incendiar a carga antes da hora, o mosquete era perigoso para o mosqueteiro. Os armeiros inventaram outras maneiras de disparar uma carga, como a *espingarda de pederneira*, uma arma que tinha uma pederneira presa a uma roda de aço movida por uma mola. Se você analisar as partes móveis de um isqueiro, terá uma boa ideia de como a espingarda de pederneira criava as faíscas. Mais tarde, a *fecharia de pederneira*, composta por um martelo movimentado por uma mola, que gerava uma fagulha, passou a ser a tecnologia dominante desde aproximadamente 1650 até o século XIX.

Adaptando antigas estratégias a novas armas

Até o surgimento do *fuzil de retrocarga* (uma arma recarregada pela parte de trás), o mosqueteiro precisava colocar tudo dentro do cano — a pólvora e a munição. Ele precisava ficar em pé para enfiar tudo isso pelo tubo. O príncipe Maurício de Nassau, comandante das tropas holandesas na guerra religiosa de independência contra a Espanha, reinstituiu a *contramarcha*, uma estratégia dos arqueiros romanos. Ele organizou seus mosqueteiros em linhas precisas e pediu que os que estavam na frente atirassem todos de uma vez e, em seguida, fossem para a parte de trás da formação para recarregarem as armas enquanto a linha seguinte atirava.

LEMBRE-SE

Sob o comando de Maurício de Nassau e de líderes como ele — o rei da Suécia Gustav Adolph II (1594-1632) e o general inspetor francês Jean Martinet (morto em 1672) — os exércitos enfatizaram a disciplina rígida mais do que nunca (o nome de Martinet passou a ser sinônimo de uma figura autoritária poderosa). Muitos comandantes militares dos séculos XVII e XVIII queriam que os soldados fossem mais do que ferozes; eles precisavam que os soldados estivessem dispostos e fossem capazes de atacar debaixo de um tiroteio. Este traço — suicida, como geralmente se comprovava — passou a ser uma estranha nova adição à bravura dos homens.

Fortalezas flutuantes no mar

Durante o século XVI, os navios de guerra geralmente eram galés impulsionadas por remos e a manobra naval mais eficaz era bater contra o navio inimigo e, em seguida, subir a bordo com guerreiros armados com espadas e lanças. Porém, conforme a pólvora redefinia as armas do campo de batalha, os canhões e as armas de fogo também redefiniam o arsenal naval e as táticas de batalha no mar. Na Batalha de Lepanto, em 1517, as galés da marinha turca de um lado e as nações cristãs aliadas da Europa do outro lado tinham entre dois e quatro canhões em suas proas, mas os europeus venceram a batalha no combate homem a homem a bordo dos navios turcos.

Em meados do século XVII, as galés haviam caído em desuso para dar lugar aos navios de guerra, em parte porque as armas de fogo haviam se transformado na principal arma das batalhas navais, já que as embarcações precisavam ter aberturas para as armas ao longo das laterais, no lugar dos remos e dos remadores. Os capitães do mar ainda tentavam invadir o navio inimigo, mas geralmente faziam isso somente após atingi-los com balas de canhão.

As fortificações adaptam-se à era da artilharia

Desde as primeiras cidades muradas, uma boa barreira defensiva era a mais alta possível. Mas as armas de fogo podiam superar estas muralhas, então os arquitetos inventaram uma nova maneira de construir um forte em meados do século XV. Em Genova, Leon Battista Alberti desenvolveu fortalezas em forma de estrela, com muros relativamente baixos, porém extremamente largos. A Figura 8-3 é uma ilustração simplificada do Castelo de São Marcos, construído pelos espanhóis no século XVI em St. Augustine, na Flórida, onde ele ainda resiste.

Os ângulos permitiam que os defensores da fortaleza mirassem seus canhões diagonalmente pelas linhas inimigas. Desta forma, a bala do canhão atingiria a linha, derrubando mais homens, armas, cavalos e equipamentos.

Figura 8-3: Com muros largos e um desenho em forma de estrela, a fortaleza renascentista era construída para as batalhas de canhões.

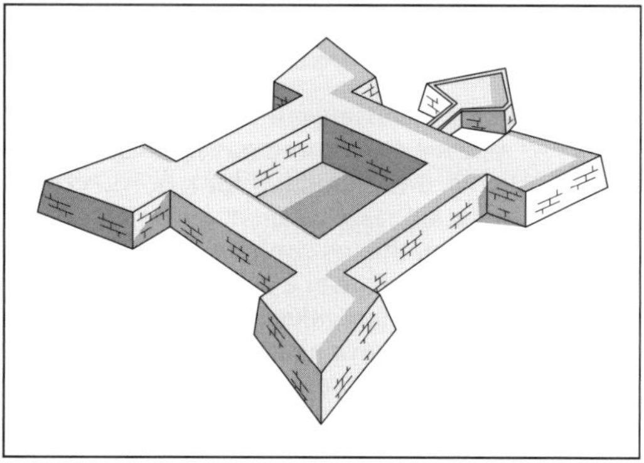

Capítulo 9

Caos Moderno

Neste Capítulo

- Acompanhando o desenvolvimento da guerra moderna
- Aumentando a escala do conflito armado nas Guerras Mundiais
- Recorrendo às táticas de guerrilha e de terrorismo na era nuclear

Alguns dizem que a guerra moderna teve início com a Guerra Civil Americana, nos anos 1860. Ou a guerra moderna começou com a Guerra da Crimeia, nos anos 1850? Talvez a guerra moderna tenha sido iniciada muitas décadas mais cedo, quando um soldado e estudioso da Prússia começou a ensinar o conceito da *guerra total*.

A Guerra da Crimeia é tida como a primeira das guerras da era moderna, pois provou que os tempos de guerra geravam novas tecnologias, como os rifles de mosquete e as linhas de telégrafo no fronte. A Guerra Civil Americana utilizou estas tecnologias e muitas outras, mas foi um conflito maior e mais devastador. A Guerra Civil Americana pareceu personificar os ensinamentos de Karl von Clausewitz, que ensinou aos jovens soldados da Prússia, na virada no século XIX, que deveriam conduzir campanhas para fazer mais do que eliminar as forças opositoras — eles deveriam destruir regiões inteiras. A amplitude e a ferocidade da Guerra Civil ofereceram uma ideia do futuro e previram as guerras globais do século XX.

A tecnologia — dos rifles ao avião bombardeiro robô, sem piloto — alimentou cada melhoria nos estilos modernos de luta, enquanto o retrocesso contra as gigantescas capacidades bélicas do período pós-Segunda Guerra fez reviver as táticas dos anos dourados, como ataques de guerrilhas e sabotagens terroristas.

Seguindo Três Caminhos para a Guerra Moderna

O que há de tão moderno nas guerras travadas antes dos tanques armados, dos aviões e da ameaça de explosões nucleares?

Como eu disse, os termos históricos só são bons se forem úteis. Talvez mais adiante no século XXI, o termo *guerra moderna* signifique algo novo. Talvez uma guerra moderna seja totalmente automatizada, travada por androides. Talvez os veículos armados com inteligência artificial, programados para pensar estrategicamente, coloquem seus microcircuitos uns contra os outros. Talvez raios mortíferos, atirados de satélites, tenham um papel principal. Até lá, no entanto, o termo *guerra moderna* aplica-se a três marcos militares:

- Os generais da Prússia, do final do século XVIII e do século XIX, desenvolveram o conceito de *guerra total* (uma campanha de devastação) e de *blitzkrieg* (guerra relâmpago, ou campanha de ataque rápido).
- A Guerra da Crimeia começou quando a Inglaterra e a França invadiram a Rússia em 1853, época em que os exércitos da Europa ocidental se equipavam com armas que atiravam mais rápido e eram mais fáceis de carregar e empregavam inovações como o navio a vapor e o telégrafo para auxiliar na batalha.
- A Guerra Civil Americana se seguiu à decisão da Carolina do Sul, em 1860, de que não faria mais parte dos Estados Unidos da América. Várias mortes e a devastação tomaram uma região inteira, o sul, e sua economia superou as expectativas dos comandantes militares e dos civis do outro lado.

Promovendo a devastação na Prússia

Na Guerra Civil Americana, sobre a qual falarei com mais detalhes no tópico "Redefinindo o conflito armado: A Guerra Civil Americana", as tropas do norte recorreram ao incêndio das plantações e à destruição das fazendas para que os sulistas, arruinados, fossem forçados a se render. Os líderes dos soldados do norte estavam desesperados para conquistar a paz e, portanto, utilizavam medidas extremas — a *guerra total* — contra o inimigo.

Mas havia outros soldados no emergente estado alemão da Prússia que não viam a guerra total como uma estratégia desesperada, e sim como um modelo de como a guerra devia ser. O mais influente foi Carl von Clausewitz (1780-1831), diretor da escola militar da Prússia. Ele escreveu um livro chamado *Da Guerra*, um manual para lutar uma campanha marcada pelo avanço pelas *terras queimadas*.

Helmuth Graf von Moltke, comandante do exército da Prússia, tomou as ideias de Clausewitz e as aliou à nova tecnologia: revólveres de agulha, nova artilharia de longo alcance e estradas de ferro. Moltke reorganizou e aumentou bastante seu poder militar. Em seguida, usou as forças da Prússia para vencer guerras contra a Dinamarca em 1864, a Áustria em 1866 e a França em 1870.

Em maior número e muito mais eficientes, os prussianos da Guerra Franco-Prussiana avançaram para Paris em um movimento de tropa tão rápido que foi chamado de *blitzkrieg*, ou "guerra relâmpago". Os prussianos cercaram o exército francês, mataram 17 mil homens em uma chuva de artilharia e levaram mais de 100 mil prisioneiros, entre eles o imperador Napoleão III. A estratégia da guerra relâmpago surgiria novamente, em especial durante a Segunda Guerra Mundial.

A preeminência militar da Prússia permitiu que seu primeiro-ministro, Otto von Bismark, unificasse a Alemanha em 1871. Bismarck passou a ser o primeiro chanceler de um novo Império Germânico, que era uma formidável potência militar em uma época em que a guerra total passou a se chamar *guerra mundial*.

Utilizando a tecnologia de forma mortal: A Guerra da Crimeia

Por que a França e a Inglaterra declararam guerra à Rússia para começar a Guerra da Crimeia? Bem, em primeiro lugar, a Rússia estava se alimentando das migalhas do Império Otomano. Isso era assustador, porque os outros países não queriam que seus vizinhos fossem grandes ou poderosos demais.

O Império Otomano, que data da conquista da Constantinopla bizantina por parte dos turcos otomanos em 1453, estava em ruínas em meados do século XIX. Como amigos diplomáticos dos otomanos, a França e a Inglaterra ficaram irritadas quando a Rússia marchou com suas tropas, cruzando o Rio Danúbio, em direção ao território turco na Romênia. As potências da Europa ocidental, como a França e a Inglaterra, não queriam que a Rússia controlasse a região do Mar Negro e as rotas comerciais até a Índia, muito menos que estabelecessem um porto no Mediterrâneo.

Mas a França e a Inglaterra não queriam uma guerra. Em uma conferência de 1853 em Viena, a França e a Inglaterra tentaram fazer com que os otomanos se entendessem com os russos, mas, ao invés disso, os turcos declararam guerra. Ironicamente, a guerra continuou mesmo depois que a Rússia cedeu às exigências austríacas (e à ameaça do exército austríaco) e retirou-se das partes disputadas na Romênia (Valáquia e Moldávia). A Áustria mobilizou suas tropas para intimidar a Rússia a recuar, mas a Áustria não participou da Guerra da Crimeia.

Depois que a Rússia respondeu à declaração de guerra dos turcos destruindo a frota otomana em Sinope, um porto na costa sul do Mar Negro, a Inglaterra e a França não viram alternativa a não ser ensinar uma lição ao czar. A Inglaterra e a França, junto com o principado de Piemonte (que significa pé da montanha), da Itália, enviaram forças para confrontar os russos na Península da Crimeia, no sul da Ucrânia (entre o Mar Negro e o Mar de Azov). O que estava em jogo não era absolutamente essencial para qualquer um dos países envolvidos, portanto, de alguma maneira, este conflito foi similar a muitas guerras do século XVIII, período repleto de conflitos. No entanto, a tecnologia fez deste um novo tipo de guerra.

Acrescentando precisão e velocidade com os novos rifles

Na época da Guerra da Crimeia, um novo dispositivo, a *pistola de percussão*, foi utilizado. Na pistola de percussão, a pólvora era acesa dentro de um cartucho confiável e fácil de carregar.

O que mais era novidade em termos de armas de fogo? O rifle foi uma grande mudança. O verbo *rifle*, em inglês, significa gravar espirais dentro do cano de uma arma. Estas ranhuras fazem com que a bala gire enquanto passa pelo cano e este giro ajuda a bala a ter uma trajetória mais reta pelo ar.

Para que o cano fosse mais eficiente, ele precisava de balas que se encaixassem perfeitamente para conseguirem se agarrar na espiral e sair girando. Este tipo de tiro era difícil de ser carregado pela *boca* do cano. Se o projétil de metal encaixasse perfeitamente para passar pelas ranhuras, ele também tinha o tamanho perfeito para entalar no meio do caminho, bloqueando o cano e inutilizando a arma.

A bala *minié* — que tem esse nome não por causa de seu tamanho, mas devido a seu inventor, o capitão Claude-Étienne Minié, da França — ofereceu uma solução rápida. Minié fez um buraco na parte inferior de uma bala de chumbo, transformando a parte de trás em uma rosca semiflexível. Quando a carga explosiva era disparada, o buraco aumentava, empurrando a rosca para que ela se encaixasse perfeitamente nas laterais do cano. A rosca se encaixava nas ranhuras e a bala girava e descrevia uma trajetória reta.

Em seguida, surgiu uma solução ainda melhor para que a bala atravessasse o cano. Com a pistola de percussão e sua carga de pólvora interna, ficou prático carregar a arma pela parte de trás, e não pela boca. Um projétil com o tamanho exato para o cano não era mais um problema. Melhor ainda, as armas alimentadas pela parte de trás eliminavam a dependência da gravidade para que a munição descesse pelo cano. Os soldados não precisavam mais ficar em pé para carregar a arma; o atirador de rifle podia ficar deitado no chão, deixando de ser um alvo fácil.

Os *revólveres de agulha* da Prússia (chamados assim por causa de seu longo pino de disparo) estão entre as primeiras armas carregáveis pela culatra, seguidos pelos *chassepots* franceses e pelo Snider-Enfield inglês. Com armas melhores, o alcance mais do que dobrou — em alguns casos, para mais de 3,5 quilômetros. A precisão melhorou tremendamente e esta melhora permitiu que um atirador habilidoso, usando um Snider-Enfield, conseguisse disparar seis tiros por minuto.

Quanta diferença as novas armas de fogo faziam? Na Batalha de Inkerman, em 1854, um dos marcos iniciais da Guerra da Crimeia, os aliados tinham rifles carregados pela culatra e os russos, não. Resultado: 12 mil russos mortos contra apenas três mil aliados.

Transportando tropas no navio a vapor

O motor a vapor permitiu que os transportadores entregassem cargas no tempo certo, conseguindo fazer um cronograma ao invés de depender do vento. O navio a vapor fez o mesmo pelos líderes militares.

Homens, cavalos e artilharia que eram transportados, pelo menos durante parte do caminho, pelo mar tinham mais chances de chegar ao destino mais descansados do que se tivessem que marchar o caminho todo. Mas um navio impulsionado pelo vento às vezes ficava parado em águas calmas durante dias ou até semanas. Se as tropas estivessem a bordo e os suprimentos terminassem, os soldados chegavam fracos por causa da fome. Com o vapor, tropas prontas podiam embarcar mais rápido e com mais segurança na Inglaterra e na França em direção à Turquia e à Crimeia. Os estrategistas podiam fazer planos com uma certeza mais razoável de que os soldados chegariam na data prometida, ou perto dela.

Construindo trilhos para as linhas de frente

Não havia uma linha férrea útil para as tropas inglesas e francesas quando elas chegaram ao porto de Balaclava, na Crimeia. Então, eles construíram uma linha para servir os quartéis-generais da batalha em terra. Foi a primeira linha férrea construída para servir esforços de guerra. O trem fazia em terra o que o navio a vapor fazia na água: oferecia uma maneira confiável de levar tropas e suprimentos para o campo de batalha.

Estendendo os fios do telégrafo até o campo de batalha

O dispositivo mais moderno empregado na Crimeia, o telégrafo elétrico, permitia aos comandantes se comunicarem com suas tropas quase que instantaneamente. Tropas de apoio levavam os fios até onde os soldados estavam.

Antes, os exércitos se comunicavam por mensageiros e, às vezes, por sistemas de sinais, como fumaça ou bandeiras, que passavam de um ponto de observação a outro. Com o telégrafo elétrico, as informações e as ordens eram transmitidas na velocidade da corrente elétrica.

Não eram apenas os comandantes e tenentes que se conectavam graças ao telégrafo; os governos de Paris e Londres também conseguiam se comunicar com seus exércitos, pelo menos a distância. Mandar uma mensagem para casa não demorava mais semanas.

MARCO

Os civis, principalmente a imprensa, também podiam enviar mensagens de modo rápido e fácil através do telégrafo — apresentando um novo problema de relações públicas para os oficiais ingleses na Crimeia. W. H. Russell, um repórter irlandês que trabalhava em um jornal inglês, foi o primeiro correspondente de guerra a enviar uma *reportagem telegrafada*. Suas histórias no *The Times* de Londres informavam os ingleses sobre a desastrosa "Carga da Brigada Ligeira", um valente, porém confuso ataque da cavalaria inglesa sobre as posições de artilharia russas durante a Batalha de Balaclava. Russell testemunhou e escreveu como as tropas aliadas, pobremente equipadas, sofreram com o longo cerco de inverno no forte russo de Sebastopol, em 1854 e 1855, enquanto alguns de seus comandantes passaram o inverno a bordo de iates particulares longe da praia. Os leitores, surpresos, exigiram reformas.

Redefinindo o conflito armado: A Guerra Civil Americana

Se a Guerra da Crimeia mudou as ferramentas da guerra, a Guerra Civil Americana mudou a própria guerra, mostrando como uma guerra moderna podia ser grande, mortal e devastadora. Quatro milhões de homens foram mobilizados ao longo da guerra e mais de 600 mil deles morreram em batalhas.

MARCO

Mais americanos morreram na Guerra Civil do que na Primeira Guerra Mundial, na Segunda Guerra Mundial, na Guerra da Coreia e na Guerra do Vietnã juntas. Isso mesmo, *juntas*. E se você pensar em como a população dos Estados Unidos era muito menor na época — menos de 31,5 milhões de pessoas de acordo com o censo de 1860, comparados com bem mais de 300 milhões atualmente — é possível imaginar a devastação.

Utilizando a guerra total na Marcha de Sherman para o Mar

Para o sul, a Guerra Civil significava a quebra de toda uma economia. Esta foi a guerra na qual um general, Ulysses S. Grant, comandante da União dos Exércitos, usou pela primeira vez a palavra *extirpação* para descrever sua estratégia. Ele anunciou sua intenção de encurralar o inimigo até que este não pudesse fazer nada a não ser render-se. E foi o que Grant fez.

Embora o teórico alemão Clausewitz tenha sido pioneiro no conceito de *guerra total*, a Guerra Civil Americana foi a primeira demonstração em larga escala desta ideia. Antes do fim da guerra, a União espalhou uma devastação geral e absoluta — militar, econômica e social. O general da união, William Tecumseh Sherman, destruiu tudo o que surgiu no caminho de seu exército em uma marcha, em 1864, de Chatanooga, no Tennessee, passando por Atlanta e chegando à cidade costeira de Savannah, na Georgia. Nesta campanha, conhecida historicamente como *Marcha para o Mar* de Sherman, as tropas da união destruíram fazendas, inutilizaram máquinas, acabaram com os estoques de comida que não foram roubados, mataram gado e galinhas, roubaram mulas e escravos, saquearam e queimaram não apenas Atlanta, mas também dezenas de cidades no caminho e, nas palavras de Sherman, "transformaram tudo em um inferno".

Sherman também recebe o crédito da frase: "A guerra é o inferno". Se não disse isso, pelo menos ele encenou.

Avaliando as causas da Guerra Civil

Também chamada de Guerra da Rebelião e Guerra dos Estados, o conflito americano teve início em 1860, embora um prelúdio violento desse sinais do que estava por vir. O abolicionista John Brown, que vinha da violência antiescravagista no território do Kansas, foi para o leste com seus homens em 1859 para capturar o arsenal americano em Harper's Ferry, que seria o novo estado da Virgínia Ocidental. As tropas americanas comandadas por Robert E. Lee capturaram Brown. Condenado por traição e enforcado, John Brown se transformou em um mártir da causa abolicionista.

Os abolicionistas queriam acabar com a escravatura, a base de trabalho da América do Sul. Este assunto, entrelaçado com a questão da autoafirmação do estado contra a supervisão federal, levou à rebelião do sul no final de 1860.

A rebelião estourou depois que Abraham Lincoln, de Illinois, o candidato nascido em Kentucky do novo partido Republicano, antiescravagista, venceu as eleições para presidente em 1860. Em dezembro, a Carolina do Sul abandonou a Federação. Dez outros estados disseram: "Nós também". Em abril, tropas dos recém-formados Estados Confederados da América atacaram o Forte Sumter, um posto militar americano em Charleston, Carolina do Sul. Nenhum dos lados estava preparado para o que viria. Quem poderia estar? A maioria dos americanos de meados do século XIX nunca tinha visto uma guerra.

Superando as expectativas com sua determinação

No verão de 1861, quando as tropas da União marcharam para o sul partindo de Washington, D. C., com a intenção de acabar com as tropas Confederadas acampadas perto da Virgínia, o público da capital tratou o conflito iminente como uma brincadeira. Turistas carregando cestas de piquenique apareciam atrás das tropas. Civis e soldados esperavam uma vitória limpa e que a paz fosse rapidamente restaurada.

O que eles receberam foi uma derrota decisiva e um choque. Antes do fim do dia, muitos dos 18 mil soldados da União que se encontraram com o inimigo em Bull Run, perto de Manassas, Virgínia, fugiram para salvar suas vidas. A vitória dos Confederados mostrou que a guerra não seria fácil nem previsível.

O primeiro encontro é conhecido como a primeira Batalha de Bull Run, por causa de um riacho próximo. Os narradores da guerra que vinham do norte davam nomes às batalhas de acordo com os rios e riachos que ficavam próximos do conflito. Os narradores do sul chamaram esta batalha, e a batalha que ocorreu no mesmo local no ano seguinte, de Primeira e Segunda Batalha de Manassas. Isto acaba gerando certa confusão entre aqueles que se interessam pela História da Guerra Civil Americana, pois acham que a mesma batalha é chamada de nomes diferentes

Acreditando fervorosamente em sua causa, os sulistas achavam que bastava uma ou duas vitórias decisivas, como na primeira batalha de Bull Run, para que a União se convencesse a libertá-los. Mas a União tinha vantagens econômicas surpreendentes — fábricas, estradas de ferro e uma população muito maior — que os rebeldes não tinham. Além de uma determinação impressionante. Lincoln, esperto e articulado, convenceu o público de que a União deveria ser salva.

A Guerra Civil evocou o tipo de envolvimento popular entre os americanos que a Europa tinha vivenciado durante a Revolução Francesa e lançou a nação em uma nova tecnologia industrial. De certa maneira, a Guerra Civil foi uma volta aos primórdios, quando saquear e incendiar era comum. Mas, como a Guerra Civil empregava as mesmas novas tecnologias da Guerra da Crimeia — em uma escala maior e por um período de tempo mais longo — ela apontava para um futuro horrível. Os líderes militares descobriram, por exemplo, que o alcance e a precisão melhorada de um rifle acrescentava um risco enorme à infantaria. As unidades aprenderam a se entrincheirar; a pá, ou *ferramenta de entrincheiramento*, passou a ter um uso tático. Tudo isso e muito mais era uma prévia do estilo opressivo, estático e devastador do moral de batalha terrestre que caracterizaria a Segunda Guerra Mundial.

Unindo Tática e Tecnologia no Século XX

A Primeira Guerra Mundial reconfigurou o cenário global em uma nova era das relações internacionais, inspirando a primeira tentativa mundial de se organizar e evitar as guerras — a Liga das Nações. O objetivo foi alcançado, pelo menos em parte, demonstrando como a guerra havia sido alterada pelas estratégias do século XIX.

A Segunda Guerra Mundial acrescentou armas cada vez mais modernas ao arsenal cada vez mais sofisticado em termos técnicos.

Cada melhoria perigosa no armamento fez com que as nações industrializadas fossem capazes de espalhar a morte com uma facilidade muito além da que havia sido imaginada um século antes. Este "progresso" levou a civilização aos perigos e aos limites incendiários da era nuclear.

A bravura entricheirada: A Primeira Guerra Mundial

Com a metralhadora Maxim e suas descendentes melhoradas amplamente usadas na Primeira Guerra Mundial, a tática de tomar as posições inimigas, que ficava mais perigosa com cada avanço dos armamentos, agora era suicida.

Esta lição ruiu na primeira Batalha do Marne, travada na França, em setembro de 1914. Depois dela, as linhas de fronte da Frente Ocidental da guerra se transformaram em milhares de quilômetros de trincheiras paralelas espalhadas pela Europa; as trincheiras eram buracos úmidos e infestados de ratos onde homens com frio, sujos e assustados escondiam-se durante dias, semanas, meses e anos. Quando necessário, a terrível ordem chegava, e os homens obedientemente saíam das trincheiras e se lançavam em um mar de balas e morteiros. Na tentativa de acabar com o impasse, os dois lados desenvolviam novas armas, incluindo granadas de mão para serem lançadas nas trincheiras inimigas, morteiros que podiam ser atirados sobre os bloqueios inimigos e bombas de gás mostarda, um produto químico oleoso que deixava as pessoas cheias de bolhas externas e internas — principalmente nos pulmões — e, geralmente, incapacitadas para sempre.

Em 1915, um oficial britânico teve a ideia de colocar um invólucro ao redor de uma espécie de trator que andava sobre esteiras de correntes de metal. O oficial achava que eles poderiam colocar armas nesta fortaleza rolante e levá-las em direção às posições de artilharia do inimigo. Nascia o tanque armado e, no final da guerra, as unidades britânicas o utilizaram para cruzar as fronteiras alemãs.

Também nesta guerra, um engenheiro alemão descobriu como temporizar uma metralhadora para que ela disparasse através de um propulsor giratório para que as balas não atingissem as hélices dos aviões. Surgia o avião de guerra. Eles também começaram a despejar bombas, embora em escala muito menor do que ocorreria na Segunda Guerra Mundial. O submarino, na forma dos *U-boats* alemães, mostrou seu valor na Primeira Guerra Mundial, já que sua tripulação tinha a vantagem de um ataque submarino surpresa.

Atualizando o arsenal para a Segunda Guerra

Na Segunda Guerra Mundial, a tecnologia a serviço da destruição em massa acelerou em um ritmo que teria impressionado até o general Moltke. Bazucas, transportadores aéreos, artilharia antiaérea, cargas antissubmarino, aviões de guerra de longo alcance, mísseis, radares, sonares e armas atômicas, todos surgiram nesta guerra.

O que é tudo isso? Muitos dos nomes são autoexplicativos — embora *bazuca* seja um nome esquisito para qualquer coisa (esta arma é um lançador pequeno e portátil de foguetes antitanques que um homem da infantaria podia carregar e disparar). A maioria destas invenções — até as mais assustadoras — são consideradas banais no mundo de hoje. Algumas têm fins pacíficos. A seguir, dois exemplos:

- **Radar** (originalmente RADAR, que significa *Radio Detecting And Ranging*) teve início como uma ideia baseada no eco. O radar reflete ondas de rádio em objetos e detecta o padrão das ondas que retornam para *ver* os objetos (principalmente aviões) que estejam além do alcance visual. O radar permitiu que a Força Aérea Real britânica, que estava em menor número, detectasse esquadrões de bombardeiros alemães, estragando os planos dos nazistas de invadir as ilhas britânicas. Depois da guerra, o radar passou a ser uma ferramenta valiosa para a aviação comercial e para aplicação da lei, pois ele pode informar a velocidade de um objeto (como um carro).
- O **Sonar** (acrônimo para *Sound Navigation And Ranging*) fazia quase a mesma coisa que o radar, mas com ondas de som debaixo da água. Com o sonar, um navio podia detectar submarinos inimigos. Seus diversos usos no pós-guerra variam de resgate de navios afundados a encontrar bons locais para pesca.

Os Estados Unidos lançaram duas bombas atômicas sobre o Japão em 1945 para encerrar a Segunda Guerra Mundial. Historiadores, estrategistas militares e ativistas da paz ainda discutem sobre a justificativa dos ataques. Seja qual for o caso, é certo que as *bombas A* e as armas nucleares, ainda mais mortais, foram desenvolvidas depois que a guerra mudou o jeito como a própria guerra é vista e travada.

Fazendo Guerra Apesar da Ameaça Nuclear

No final da Segunda Guerra Mundial, algumas pessoas achavam que as armas nucleares fariam com que se tornasse impossível pensar em melhorias em termos de armamento de guerra. Mas não foi bem assim.

Um crescente número de países construiu e testou armas nucleares, mas, em grande parte do mundo, a opção nuclear permaneceu irrelevante. Isso aconteceu principalmente na América do Sul, no sudeste da Ásia e na África, onde as revoluções e guerras civis continuaram.

Apesar da enorme capacidade das superpotências do pós-guerra (a União Soviética, até sua queda em 1991, e os Estados Unidos) de provocarem confusão em larga escala, os guerreiros menores — principalmente aqueles que acreditavam em suas causas revolucionárias por causa dos erros políticos — encontraram maneiras de minar a segurança das grandes nações. Geralmente, eles recorriam a estratégias pré-tecnologia, como o ataque de guerrilha e o ataque terrorista, difíceis de prever.

A força da discrição: As táticas de guerrilha

Paradoxalmente, a era nuclear do final do século XX também foi a era dos soldados que marchavam a pé, caminhando furtivamente pela noite. A *guerrilha* geralmente é travada por bandos de revolucionários em grupos pequenos e com poucos recursos que se movem discretamente para atacar potências mais fortemente armadas. As unidades de guerrilha se aventuram sob a proteção da noite e conduzem ataques em pequena escala utilizando armadilhas rudimentares.

LEMBRE-SE

A *Guerrilla*, palavra espanhola para "guerra pequena", referia-se, inicialmente, aos camponeses espanhóis que incomodavam as forças conquistadoras de Napoleão no início do século XIX. Depois, como agora, as táticas de guerrilha passaram a utilizar meios tão antigos quanto a própria guerra; usavam as mesmas táticas utilizadas pelas tribos italianas que derrotaram as primeiras falanges romanas em estilo grego. De modo similar, o exército improvisado de revolucionários americanos, por vezes, pegou a infantaria britânica desprevenida nos anos de 1770. Os americanos atiravam escondidos, colocando a formação britânica em desvantagem.

Os britânicos enfrentaram as táticas de guerrilha outra vez, mais de um século depois, na África do Sul. A Guerra de Boer teve início em 1899, quando os Boers, descendentes de fazendeiros holandeses, tentaram tomar terras controladas pela Grã-Bretanha no Transvaal. Esperando derrotar esta rebelião de fazendeiros (*Boer* significa "fazendeiro") em poucos meses, os ingleses não contavam com a determinação e a inteligência dos Boers. Eles eram exímios cavaleiros e conheciam o território como a palma da mão.

Contra o armamento superior da Inglaterra, os determinados Boers recorreram aos esconderijos, ataques e bombardeios. Percebendo que este inimigo resistiria por tempo indefinido, os ingleses foram forçados a repetir o que Grant e Sherman haviam feito nos Estados Unidos durante a Guerra Civil: travaram uma guerra de extirpação. Os britânicos queimaram fazendas e levaram civis holandeses para campos de concentração.

LEMBRE-SE

As forças de oposição do século XX, que variavam da Resistência Francesa na Segunda Guerra Mundial até os Vietcongues Comunistas do Vietnã dos anos 1960 (veja a Figura 9-1) e os Contra Anticomunismo na Nicarágua dos anos 1980, fizeram uso eficaz da evasão pela mata, da rapidez, da mobilidade e dos ataques em pequena escala e bem-organizados contra inimigos mais fortes.

Figura 9-1: Soldados de guerrilha, como os vietcongues do Vietnã, atacavam inimigos mais fortes.

© Bettman/CORBIS

Usando a arma do medo: O terrorismo

Enquanto os alvos das forças de guerrilha são geralmente militares ou, pelo menos, estão dentro de uma zona de guerra, a violência terrorista geralmente parece ser indiscriminada e arbitrária, como o bombardeio de um shopping center, um ataque a um ônibus ou a um avião comercial cheio de passageiros.

LEMBRE-SE

Os criminosos terroristas geralmente são grupos pequenos que acham que a violência é o único caminho para avançar em sua causa, que geralmente é a subversão da ordem estabelecida. Por definição, os terroristas usam o terror, ou o medo de um novo ataque, como arma.

O Exército Republicano Irlandês (IRA), um grupo nacionalista que queria reunificar a Irlanda do Norte, controlada pela Inglaterra, com a República da Irlanda, que era independente, foi rotulado como *terrorista* entre os anos 1970 e 1990. Embora as bombas do IRA geralmente fossem direcionadas a alvos militares, elas também atingiam civis ingleses.

Embora sejam frequentemente rotulados como criminosos, os terroristas, em geral, se consideram guerreiros engajados em atos honrosos de batalha. Como no caso dos membros da *Al Qaeda*, o grupo terrorista responsável pelos ataques de 11 de setembro de 2001 aos Estados Unidos. Formada na década de 1980 para apoiar a resistência muçulmana a uma incursão soviética no Afeganistão, a Al Qaeda passou a ser uma rede internacional com uma atitude cada vez mais antagonista em relação aos Estados Unidos. Seus ataques de 2001 ao *World Trade Center*, em Nova York, e ao Pentágono, na capital Washington, bem como o avião sequestrado que caiu na Pensilvânia, mataram quase três mil pessoas.

O terrorismo é extremamente difícil de combater, pois seus perpetradores, em geral, tiram a própria vida para poderem matar outras pessoas que estejam próximas. Nas últimas décadas, os terroristas islâmicos do Oriente Médio recorreram a esta tática, conhecida como *homem-bomba*. Em 1983, dois homens-bomba que dirigiam caminhões mataram 300 pessoas — 241 delas estavam a serviço dos Estados Unidos, a maioria Fuzileiros — colidindo os caminhões carregados com explosivos contra os alojamentos da tropa em Beirute, no Líbano. Nos anos seguintes, homens-bomba atingiram muitos alvos civis em Israel. Grupos militantes palestinos, como o Hamas, que buscam um fim para o governo israelense, geralmente são os responsáveis pela incitação e financiamento dos ataques. Os grupos insurgentes islâmicos também já usaram esta tática no Iraque, no Afeganistão, no Paquistão e no Sri Lanka.

Os ataques terroristas também são difíceis de retaliar, pois os terroristas, oficialmente, não representam uma nação soberana. Após os ataques de 2001, os Estados Unidos atacaram o Afeganistão, onde ficava o quartel-general da Al Qaeda, e, depois, o Iraque. As forças americanas derrotaram os regimes de governo nos dois países islâmicos, mas agora mais de dez anos se passaram e as tropas americanas não conseguiram eliminar os terroristas da Al Qaeda, embora seu líder e suposto mandante do ataque, Osama Bin Laden, tenha sido morto em 2011.

Parte III

Os Incitadores e Agitadores

A 5ª Onda Por Rich Tennant

Nesta parte...

Os personagens históricos que aparecem nesta parte também são mencionados em outras partes do livro, mas estes capítulos trazem algumas personalidades históricas com as quais você pode estar menos familiarizado. Cada um deles merece um grande volume que mergulhe profundamente em seus motivos e intrigas pessoais. Na verdade, muitos personagens descritos nesta parte do livro inspiraram diversas biografias. E há mais pessoas — muito, muito mais — que poderiam e deveriam fazer parte da lista se eu tivesse um espaço ilimitado.

Esta é uma lista completa de todos que já fizeram a diferença na História Mundial? São biografias completas? Está brincando? As respostas são: não, não e você *deve* estar brincando.

Capítulo 10

Iniciando Algo Lendário

Neste Capítulo

- Unindo os anglo-saxões com Alfred
- Casando os reinos de Aragão e Castela
- Oprimindo Draco, o cruel legislador ateniense

Sociedades, nações e culturas não surgem simplesmente. Bem, talvez sim, mas alguém sempre leva o crédito. Ou, ao analisar a História algumas centenas de anos após o acontecimento, alguém atribui o crédito pela fundação da cidade-estado, do império, da nação ou da cultura. Às vezes é uma pessoa, outras vezes, um grupo.

LEMBRE-SE

Na tentativa de compreender a confusão que é a experiência humana, os historiadores precisam fazer escolhas. Neste capítulo, falarei apenas sobre pequena parte dos fundadores da História: são escolhas pessoais, baseadas no impacto que tiveram em sua época e em seus legados político e cultural (alguns simplesmente porque me deu vontade). Se perceber algumas omissões (e com certeza você notará), sinta-se à vontade para anotar nas margens — mas, *por favor*, compre o livro primeiro.

Lendas Diversas

Muitos personagens históricos, até mesmo em tempos mais recentes, atingiram uma proporção mítica. Os mais antigos podem estar envoltos em tantas histórias e lendas que a verdade sobre eles e sobre o que fizeram pode nunca ser descoberta. Um semideus realmente fundou uma cidade-estado? O encanto de um mago realmente agraciou uma era encantada? Minha ponderada opinião é que não, nada disso aconteceu. As lendas a seguir podem ter sido inspiradas por líderes reais ou podem ter sido apenas faz de conta:

- **Agamenon** (lendário, mas provavelmente inspirado em um rei verdadeiro do século XII a.C.): Em *A Ilíada*, um poema épico grego de Homero, o rei Agamenon comanda a aliança dos gregos (ou dos pré-gregos chamados *aqueanos*) que invadiram Troia. Agamenon, o rico governante de Micenas, era irmão de Menelau, rei de Esparta. Os gregos tinham uma rusga com Troia porque o príncipe troiano Páris roubara a bela esposa de Menelau, Helena. Como *A Ilíada* é um poema cheio de atos sobrenaturais dos deuses, ninguém é capaz de dizer se sua história é verdadeira, mas muitos séculos de gerações gregas identificaram-se culturalmente com o conto.
- **Rômulo** (provavelmente mítico, embora sua lenda possa ser baseada em um rei do século VIII ou VII a.C.): Em uma história sobre a fundação de Roma, Rômulo aparece como um dos filhos gêmeos de Marte (o deus, não o planeta), concebidos quando Marte namorou com uma Virgem de Vesta. Abandonados quando crianças, Rômulo e seu irmão gêmeo, Remo, flutuaram pelo Rio Tibre até que uma loba os encontrou e alimentou. Depois que cresceram, Remo se divertia enquanto Rômulo tentava construir Roma (demorou mais de um dia). Rômulo ficou louco e matou Remo, e, mais tarde, uma tempestade o matou. Quanto disso é verdade? Provavelmente nada, mas Rômulo ainda é citado como o primeiro rei de Roma.
- **Rei Arthur** (talvez no século VI AD): Talvez, apenas talvez, Arthur tenha sido uma pessoa de verdade. Os estudiosos e entusiastas sugeriram muitos personagens históricos como inspiração real para a lenda. No entanto, a História de Gales, mais ou menos na época em que o verdadeiro Arthur pode ter lutado e governado, é extremamente obscura. Entre as possibilidades mais intrigantes está um rei galês, Owain

Ddantgwyn, que poderia ter acumulado força suficiente para unir os celtas contra as tribos germânicas invasoras. Se for verdade, Ddantgwyn (o nome significa "com dentes") pode ter dado o nome à batalha de Arth-Ursus, combinando as palavras galesa e latina para "urso". As crônicas galesas dizem que Arthur morreu lutando em 537, uma data bastante consistente com o pouco que se sabe sobre Ddantgwyn. Outros candidatos para o papel de rei Arthur incluem escoceses e romanos, mas os contos arturianos mais famosos são invenções criativas de Sir Thomas Malory, escritos 900 anos depois que qualquer Arthur verdadeiro possa ter vivido. Baseados em lendas, e não na História, os contos são ficção.

Unidos pela Força

Um fundador é uma pessoa forte o suficiente para conseguir que outros líderes o sigam. Os líderes deste tópico fizeram a diferença através de uma combinação de força física e personalidade forte.

- **Saulo** (século XI a.C.): Saulo foi o primeiro rei dos israelitas depois que Samuel, um homem santo, derramou óleo sobre a cabeça dele. Ao ungir Saulo, Samuel sinalizou que Saulo era a escolha de Deus para unir uma confederação tribal de judeus. O ungido derrotou os filisteus e governou os israelitas da capital, Hebron. Como rei, Saulo assumiu os deveres cerimoniais religiosos, nomeando Samuel como o sacerdote maior. Então, Samuel começou a favorecer Davi, um valente e jovem herói de guerra. Davi era o melhor amigo do filho e casou-se com a filha de Saulo. Mas apesar de fazer parte da família, todo o favorecimento e atenção de Samuel em relação a Davi deixou Saulo enciumado. Samuel ungiu Davi em segredo como o próximo rei. Depois que Saulo e seu filho Jonathan morreram em outra batalha contra os filisteus, Davi passou a ser o líder da tribo de Judá, reunindo os israelitas como seu segundo rei.

- **Shi Huangdi** (259-210 a.C.): Shi Huangdi era chamado Zheng, príncipe de Qin, um guerreiro criativo que adotou armas de ferro antes do restante da China e disse para sua cavalaria abandonar as carruagens e sentar-se sobre os cavalos, tornando os soldados mais rápidos e mais eficientes. Qin era apenas um pequeno país cujos governantes precisavam pagar tributos para a família Zhou, que também governava outros estados vassalos da China. No entanto, Zheng começou a ampliar seus domínios, tomando províncias vizinhas até que pudesse nomear-se Shi Huangdi, ou Primeiro Imperador. Como rei, Shi Huangdi padronizou a escrita e as unidades de medida, incluindo os pesos, em todos os territórios conquistados. Esta uniformidade ajudou sucessivas dinastias a governarem a China como um território unificado. Ele também se opunha às crenças de Confúcio, queimou livros de Confúcio e matou estudiosos enquanto se cercava de oficiais e guerreiros. Seu túmulo, cheio de guerreiros de terracota para protegê-lo no pós-morte, é uma mina de ouro em termos históricos e arqueológicos. A Dinastia Qin, de Shi Huangdi, sobreviveu apenas quatro anos após sua morte, até que a duradoura Dinastia Han chegou ao poder em 206 a.C. Porém, o nome Qin (também escrito Chi'in) é a raiz do nome *China*.
- **Clóvis** (por volta de 465-511 AD): Os oficiais romanos que tentavam permanecer na Gália (ou França) após a queda do Império Romano do Ocidente precisaram desistir quando Clóvis, rei dos francos, tomou o poder. Após suceder seu pai, Childerico, Clóvis estendeu seu governo para todos os territórios entre os rios Somme e Loire em 496 AD. Naquele ano, Clóvis foi o primeiro rei franco a se converter ao cristianismo. Os créditos vão para sua esposa, uma princesa da Borgonha. Se Clóvis alguma vez disse "Minha esposa é uma santa", estava mais certo do que imaginava; a Igreja Católica a canonizou mais tarde como Santa Clotilde. Quando

Clóvis se converteu, milhares de seus guerreiros o imitaram. Como faziam os líderes francos naqueles tempos, Clóvis precisou combater os visigodos e os ostrogodos (ambas as tribos bárbaras germânicas) para permanecer no poder.

- **Alfred, o Grande, da Inglaterra** (849-899 AD): Os dinamarqueses iam para cima dos saxões quando Alfred chegou ao poder como rei de Wessex (os saxões do oeste). Os dinamarqueses tinham seu próprio reino no norte da Inglaterra e estavam expandindo para partes anglo-saxãs da Bretanha, como Northumbria e Anglia Oriental. Alfred colocou um ponto final nestas ações na Batalha de Edington, em 878 AD. Em seguida, recuou, reconquistando Londres em 886 AD. Ele montou um exército e uma marinha estáveis, além de uma rede de fortes que lhe ofereciam vantagem militar sobre seus vizinhos do norte. Alfred reuniu os saxões a outros povos ingleses, descendentes de tribos germânicas aliadas, como os anglos e os jutos, para que pudessem trabalhar juntos contra os dinamarqueses. Ele enfatizou o cristianismo (ao contrário do paganismo do norte) e a educação, além das leis codificadas. Nenhum outro rei ou rainha inglês é chamado "o Grande".

- **Brian Boru** (por volta de 926-1014 AD): Também conhecido como Brian Boroimhe (que significa "Brian dos Tributos"); o guerreiro irlandês era o chefe dos Dal Cais (um clã) e trilhou seu caminho para o trono de Leinster. O fato dos irlandeses estarem cansados de engolir os ataques vikings ajudou Brian a conseguir apoio. Ele lutou contra os rivais regionais até unificar a Irlanda. Era o início de uma nação (embora muitos séculos difíceis estivessem por vir). As forças de Brian derrotaram os vikings em Clontarf, mas Brian, então velho demais para entrar na briga, foi assassinado por guerreiros vikings em fuga.

Jogando pelo Poder

Quando a vida ficava mais difícil, os mais bravos fundavam dinastias. Os homens desta lista não precisavam de treinamento em assertividade; eles se prontificavam a eliminar os rivais em seu caminho ao fazer de si mesmos e de seus governos a autoridade máxima. Abram alas para os líderes militares e imperadores.

- **Augusto César** (63 a.C. - 14 AD): O primeiro imperador oficial de Roma foi Caio Julio César Otaviano, ou Otaviano, filho de um senador e sobrinho-neto *do* Julio César. Quando os conspiradores mataram Julio César, que era um ditador, Otaviano era estudante, mas fechou os livros, montou um exército, negociou com assassinos e derrotou seu rival pelo poder, Marco Antonio. Em seguida, forçou o Senado a nomeá-lo cônsul — o principal cargo administrativo do governo romano. Mais tarde naquele ano, 43 a.C., Otaviano fez um acordo com Antonio e outro figurão romano, Lépido, para formar um triunvirato (ou "governo de três"). A parte de Otaviano na barganha era a África, a Sardenha e a Sicília. Mais tarde, ele ficou com toda a parte ocidental do mundo romano e, depois de derrotar Antonio e a rainha do Egito, Cleópatra, em Actium em 31 a.C., Otaviano passou a ser o único governante. O Senado deu a ele o nome *Augusto*, ou "elevado". Sob seu governo, Roma viu a paz, a reforma e a renovação. O Senado romano o declarou *Pater Patriae* (pai de seu país) em 2 a.C. Quando Otaviano morreu, o Senado o declarou um deus.
- **Carlos Magno** (742 AD-814 AD): Os francos, assim como os romanos, tinham problemas com invasores. Os bárbaros do norte continuavam atacando a Gália (atual França) e havia diversos conflitos dos muçulmanos na Espanha quando Carlos Magno (ou Carlos, o Grande) chegou ao poder — primeiro como rei dos francos do leste (seu irmão, Carlomano, ficou com a parte oeste) e depois como o grande rei dos francos, em 771 AD. O título *grande rei* significava

que ele governava reis e príncipes menores, no estilo feudal de liderança. Carlos Magno uniu a Europa sob um governo como ninguém havia feito depois dos romanos, combatendo saxões, avaros e lombardos. No dia de Natal de 800 AD, o papa Leão III coroou Carlos Magno como Imperador do Ocidente ou Sacro Imperador Romano, dando início ao Sacro Império Romano (que, na verdade, não tinha nada a ver com o Império Romano). Carlos Magno construiu palácios e igrejas e promoveu o cristianismo, a educação, a agricultura e as artes. O comércio prosperou sob sua administração, que passou a ser conhecida como Renascença Carolíngia — um *pequeno* despertar centenas de anos antes do grande despertar. O império caiu após sua morte, pois os filhos de Carlos Magno não partilhavam de sua visão e de sua autoridade.

- **Guilherme, o Conquistador** (por volta de 1028-1087): Quando São Eduardo, o Confesso, morreu, ele realmente deixou uma bagunça: como rei da Inglaterra, designou um nobre — Guilherme, duque da Normandia — e, em seguida, outro nobre — Harold Godwinson — para sucedê-lo. Harold assumiu a coroa como Harold II, mas Guilherme, ou William em inglês, achou que Harold havia prometido manter *sua* reivindicação ao trono. Guilherme invadiu, matou Harold na Batalha de Hastings, foi coroado rei no dia de Natal de 1066 e, desde então, é chamado de *o Conquistador*. Ele ficou no poder substituindo todos os líderes da antiga nobreza anglo-saxã, com uma nova classe governante de normandos, bretões e flamengos.

- **Genghis Khan** (por volta de 1167-1227): Antes de ser Genghis Khan (veja a Figura 10-1), ele era Temujin, que, com 13 anos, tornou-se o chefe de um clã muito pobre de mongóis nômades. Temujin estava faminto, então começou a trabalhar derrotando outros clãs, inclusive Naimãs e Tangut (nomes dos quais ninguém se lembra mais, mas que eram muito fortes na época). Em 1206, depois que os turcos Uigures curvaram-se diante dele, Temujin mudou seu nome para Genghis Khan, que significa "governante muito grande" ou "rei universal". Em diversas campanhas, que tiveram início em 1211, ele acabou com o império do norte da China e outros territórios do leste asiático. Quando morreu, o Império Mongol estendia-se do Mar Negro até o Oceano Pacífico.

- **Babur** (1483-1530): Antes de se chamar Babur, ele se chamava Zahir-ud-din-Muhammad. Babur significa "tigre" em árabe. Primeiro imperador mogul da Índia, Babur nasceu em Ferghana, no Quirguistão. Um gênio na guerra, ele invadiu a Índia e derrotou os líderes de seus reinos divididos para formar um império e fundar uma dinastia marcada por sua origem mongol e turca e por sua atitude de conciliação com a maioria hindu. Babur se interessava por arquitetura, música e literatura. Ele transmitiu estes interesses para uma linha de sucessores cujo império continuou forte até o início do século XVIII, mas que acabou cedendo sob o domínio da Companhia das Índias Orientais no século XIX.

Figura 10-1: Genghis Khan formou um império gigantesco, que se estendia do leste europeu até a China.

© Bridgeman Art Library/Getty Images

Construindo Pontes

As pessoas constroem algo grande — desde uma casa até um império — a partir de peças pequenas. Assim como na carpintaria, as nações, regiões e culturas são construídas. Os personagens deste tópico utilizavam meios tão diversos quanto batalhas e alianças para unir componentes geográficos, religiosos e étnicos em novas combinações. Alguns deles construíram tão bem que suas construções resistem até hoje.

- **Kublai Khan** (1214-1294): O neto de Genghis Khan estabeleceu sua capital onde atualmente fica Pequim. Como imperador mongol da China e fundador da Dinastia Yuan, com início em 1279, ele era vigoroso e forte na maneira como usava o poder, lançando campanhas militares contra Java, Burma, Japão e outras nações asiáticas, embora com sucesso limitado (e nenhuma vitória contra o Japão). Kublai Khan, assim como muitos dos personagens mais interessantes da História, gostava de contradições. Ele era adaptável, adotava o estilo de civilização chinês, mas mantinha sua classe governante mongol longe dos nativos chineses e indicava muitos estrangeiros, principalmente muçulmanos, para cargos no governo, ao mesmo tempo em que fazia do budismo a religião nacional. Alguns relatos o descrevem como um governante cruel; outros, como sensato e misericordioso. Sua corte é lendária pelo luxo e pelo esplendor.
- **Ferdinando** (1452-1516) e **Isabella** (1451-1504): Quando Ferdinando, rei de Aragão (parte do atual norte da Espanha), casou-se com Isabella, rainha de Castela (também parte do atual norte da Espanha), em 1469, seus reinos também se uniram, transformando-se no principal governo da Espanha moderna. Governada pelo casal, a Espanha finalmente livrou-se de seus governantes mouros em 1492, quando Ferdinando e Isabella tomaram o sultanato de Granada. Naquele mesmo ano, Isabella patrocinou Cristóvão Colombo, o que levou a Espanha à supremacia no Novo Mundo. Em 1478, Ferdinando e Isabella deram início à Inquisição Espanhola, um movimento católico de reforma que tinha o objetivo de eliminar as ideias não cristãs (principalmente islâmicas e judias) que dominavam a Península Ibérica (Espanha e Portugal) depois de séculos de governo dos califados mouros

(os mouros haviam tolerado o judaísmo). A Inquisição também ajudou a manter a Reforma Protestante fora da Espanha. Em 1512, após a morte de Isabella, Filipe concluiu a unificação da Espanha ao assumir o reino de Navarra.

- **Nobunaga Oda** (1534-1582), **Hideyoshi Toyotomi** (1536-1598) e **Ieyasu Tokugawa** (1543-1616): Os três grandes unificadores do Japão finalmente quebraram o ciclo de guerras entre os senhores feudais que dominavam o país. O nobre Nobunaga Oda subjugou a Província Owari, expulsou o *shogun* (o grande chefe feudal), ocupou a capital Kyoto em 1568 e derrotou os sacerdotes de Osaka, destruindo o poder dos budistas. Só para se certificar de que o budismo não retornaria, ele incentivou brevemente o cristianismo. Quando morreu, controlava metade do Japão. Sua morte abriu caminho para que seu general, Hideyoshi Toyotomi, e seu outrora aliado Ieyasu Tokugawa, finalmente unificasse o país. Toyotomi baniu as espadas de indivíduos que fossem *samurais* ou que pertencessem à classe guerreira. Tokugawa acabou unindo-se a Toyotomi e à sua família e estabeleceu o duradouro, porém repressivo e isolacionista Shogunato de Tokugawa, que durou até meados do século XIX.
- **James I da Inglaterra/James VI da Escócia** (1566-1625): O rei James da Escócia não conquistou a vizinha Inglaterra; ele apenas chegou ao trono como sucessor legítimo (através de sua bisavó inglesa) de Elizabeth I, que não tinha filhos, em 1603. Sua posição unificou as coroas dos dois reinos — este foi o primeiro passo na direção da unificação dos dois reinos (que aconteceu em 1707, quando o Ato de União criou o Reino Unido). Quando James I passou a ser o rei, os ingleses pararam de tentar anexar a Escócia, pois não havia mais sentido nisso. James era uma pessoa culta, que escreveu sátiras, patrocinou a trupe de Shakespeare e solicitou uma bela tradução para o inglês das escrituras cristãs, a qual

ficou conhecida como *Bíblia do Rei James*. Ele aprisionou e executou Sir Walter Raleigh — não porque ele odiava o hábito moderno de Raleigh de fumar tabaco, mas por ofensas contra a coroa. James também odiava a forma extrema da crença calvinista-protestante chamada puritanismo, que havia ganhado território na Inglaterra no início do século XVII. Ele atraiu críticas por seu hábito de eleger favoritos e resistir à pressão puritana para expulsar as práticas católicas da Igreja Anglicana. Ironicamente, conspiradores católicos, não puritanos, tentaram explodir o novo rei e o Parlamento na Conspiração da Pólvora, em 1605, e quase obtiveram sucesso.

- **Frederico, o Grande** (1712-1786): Como jovem príncipe, Frederico II da Prússia havia estudado habilidades militares, música (até chegou a compor algumas canções) e literatura francesa. Como rei, lutou contra os vizinhos austríacos e outros estados germânicos, acrescentando a Silésia (ao longo do Rio Oder, no centro-leste da Europa), parte da Alemanha oriental e parte da Polônia ao seu reino (a Polônia, até o reinado de seu pai, havia governado a Prússia). A Prússia dobrou de tamanho sob o governo de Frederico e passou a ser a principal potência — militar e economicamente — e precursora da Alemanha moderna.
- **George Washington** (1732-1799): O primeiro presidente dos Estados Unidos da América determinou um precedente memorável em 1796 ao recusar-se a concorrer a um terceiro mandato. A nova nação tropeçou na questão de transferência pacífica de poder, já que a primeira administração recusava-se a entregar a autoridade aos seus sucessores. Washington chegou a esta transição crucial de modo gracioso (ele havia recusado a primeira oferta do Congresso para torná-lo rei). Com autoridade natural ao invés da retórica, Washington conseguiu eliminar a discórdia entre os americanos em dois momentos críticos. Nos anos 1770,

o fazendeiro da Virgínia e veterano militar inglês era a melhor escolha para liderar um exército revolucionário. Nos anos 1780, sua vontade de revisar os Artigos da Confederação (as regras que o país recém-nascido tentava seguir) levou à criação da Constituição Americana. É difícil imaginar uma revolução americana bem-sucedida sem ele. É ainda mais difícil imaginar uma nação bem-sucedida sem seu exemplo.

- **Nelson Mandela** (1918-): Assim como George Washington, Nelson Rolihlahla Mandela poderia ser elencado entre revolucionários de outras eras, mas seu maior legado está em seu compromisso com a reconciliação como o primeiro presidente pós-apartheid da África do Sul. Criado para ser um chefe tribal dos Thembu, Mandela era um universitário quando começou a trabalhar para derrubar o *apartheid*, a separação legal das raças. Como jovem advogado de Johanesburgo nos anos 1950, ele organizou um movimento secreto dos negros. Foi preso e condenado por conspiração para derrubar o governo e sentenciado à prisão perpétua. Durante os 27 anos que passou preso, Mandela se tornou o símbolo mundial na luta por justiça. Após sua libertação em 1990, ele ajudou a negociar o fim do apartheid, dividiu o Prêmio Nobel da Paz com F. W. de Klerk e, aos 75 anos, foi o sucessor de Klerk na presidência, transformando-se no primeiro líder do país escolhido em uma eleição entre todas as raças. Nunca buscando vingança, Mandela consultou seus antigos captores enquanto reconstruía a sociedade da África do Sul. Ao deixar o cargo em 1999, o crime e a pobreza ainda assolavam a África do Sul, mas Mandela viu uma extraordinária transição em seu país.

Escrevendo as Leis

Geralmente, a identidade de uma sociedade vem da maneira como ela define a moralidade e administra a justiça. Considere que a jurisprudência mais moderna baseia-se em precedentes. O modo como um assunto foi decidido antes passa a fazer parte da definição atual do que é legal ou ilegal, certo ou errado. Este negócio de precedência não tem apenas algumas décadas de existência nem mesmo alguns séculos; ele está enraizado nas decisões sobre justiça e punição que vêm das bases da sociedade humana. Não é à toa que tantos legisladores — bons e maus — são lembrados na História. A seguir, uma pequena amostra:

- **Ur-Nammu** e **Shulgi** (séculos XXII e XXI a.C.): Governante do antigo reino da Mesopotâmia de Ur, instituiu o primeiro código de leis que ainda sobrevive na forma escrita. Qual governante? Os pesquisadores não têm certeza, mas foi Ur-Nammu ou seu filho e sucessor, Shulgi. Os arqueólogos só conseguiram ler cinco itens do *Código de Ur-Nammu*, como é conhecido, mas existem outras provas que demostram que, há 4200 anos, os povos civilizados tinham um sistema legal que exigia testemunho sob juramento. Eles tinham juízes especiais, os quais podiam ordenar que um réu culpado pagasse indenização à vítima. O código também permitia a demissão de oficiais corruptos, proteção aos pobres e punição proporcional ao crime cometido.
- **Moisés** (século XIV ou XIII a.C.): O livro Êxodo da Bíblia diz que Deus deu à humanidade Dez Mandamentos através de seu servo Moisés, um hebreu educado como príncipe do Egito. Moisés liderou a libertação dos israelitas da escravidão no Egito e uma peregrinação que durou 40 anos, atravessando o deserto até Canaã. Com seu irmão Aarão, ele estabeleceu a comunidade religiosa de Israel e fundou suas tradições através da prática e das escrituras. Moisés é considerado o autor dos primeiros livros da Bíblia, única fonte de informação sobre os eventos citados acima.
- **Draco** (século VII a.C.): Atenas escolheu este oficial para escrever suas leis, o primeiro código legislativo escrito na Grécia, em aproximadamente 620 a.C. As leis severas de Draco fizeram do estado o único demandante legítimo para os acusados de crime,

tornando a justiça voluntária um ato contra a lei. Mas muitos crimes mereciam pena de morte, e a palavra *draconiano* ainda se refere a uma punição severa. Mesmo assim, os atenienses adoravam Draco. Quando ele entrou em um salão para participar de uma recepção em sua homenagem, os atenienses deram a ele seu cumprimento costumeiro de celebração, jogando chapéus e capas para o alto. Draco caiu e ficou estranhamente parado. Quando tiraram todas as capas de cima dele, viram que estava morto — sufocado.

- **Sólon** (por volta de 630 a.C. - por volta de 560 a.C.): Sólon foi um estadista e reformador ateniense, além de um gênio para recitar versos. Sua descoberta como figura pública veio quando ele incentivou os atenienses a tomar uma ação militar contra os megários utilizando um poema encorajador. Sua eloquência fez com que Sólon fosse escolhido para reescrever o cruel código legislativo de Draco (veja o item anterior). Sólon também tinha outros talentos. Ele reorganizou as instituições públicas, incluindo o senado e a assembleia popular, cunhou moedas, reformou pesos e medidas e reforçou o comércio ateniense. O resultado foi que seu nome passou a ser sinônimo de legislador, principalmente nos jornais do século XX, onde *congressista* não ficaria bem em uma manchete.

- **Justiniano** (482 AD-565 AD): "As coisas comuns a todos são o ar, a água corrente, o mar e as praias". Esta é uma parte da lei romana, interpretada e determinada pelo imperador bizantino Justiniano em uma série de livros que são uma importante fonte para os códigos legais desde então. A palavra *justiça* vem do nome de Justiniano.

- **Maomé** (por volta de 570 AD - por volta de 632 AD): filho de um pobre comerciante árabe, Maomé ficou órfão aos seis anos e cresceu cuidando de ovelhas. Ainda jovem, cuidava das caravanas de uma viúva rica. Mais tarde, ele se casou com ela e se transformou em um comerciante. Mas, para um empresário, Maomé fazia o tipo mais solitário, que gostava de se isolar para pensar. Ele tinha 40 anos quando disse que o Anjo Gabriel ordenou, em nome de Deus, que ele pregasse a *verdadeira religião*. Após alguns anos, Maomé começou a atacar a superstição e a incentivar as pessoas a viverem uma vida humilde e moral. Ele ensinou seus seguidores a acreditarem em um Deus todo-poderoso e justo, ou *Alá*, cuja misericórdia poderia ser alcançada através de orações, jejuns e caridade. As autoridades de Meca, alarmadas com sua popularidade crescente, o expulsaram em 622 AD. Então ele foi para Medina, onde se transformou em juiz e governante. Maomé liderou uma guerra contra os inimigos do Islã, tomando Meca em 630. Após sua última peregrinação em 632, ele ficou doente e morreu. Suas regras morais, estabelecidas no Corão, continuam sendo a base da lei no mundo islâmico.

- **James Madison** (1751-1836): Seu conhecimento de História e a capacidade de assumir compromissos foram muito úteis a Madison em uma convenção de 1787 na Filadélfia. Graduado em Princeton (mais tarde chamada de Faculdade de Nova Jersey), Madison representou sua terra natal, a Virgínia, na convenção. Os delegados deveriam reforçar os Artigos da Confederação, relações que governavam os recém-independentes estados americanos. Ao invés disso, a convenção jogou os artigos fora e os substituiu pela Constituição Americana. Madison pensava nos governos que incluíam a democracia da antiga Atenas, da República Romana e das federações europeias, como o Sacro Império Romano, e sabia que os Estados Unidos precisavam de um governo central muito forte; de maneira habilidosa, conseguiu acordos que permitiam à convenção trabalhar em um documento que funcionasse. Muitas ideias de Madison transformaram-se na base da lei americana; por isso, ele é chamado de Pai da Constituição. As anotações de Madison também contribuíram para o registro social, fornecendo o mais completo relato da convenção constitucional. Mais tarde, Madison foi o quarto presidente dos Estados Unidos.

Capítulo 11

Exploradores e Descobridores: Lugares para Ir, Pessoas para Ver

Neste Capítulo

- Pisando em novas terras
- Mantendo o mundo informado
- Encontrando passagens para diferentes partes do mundo
- Ajudando os exploradores a encontrarem seu caminho

Muitas pessoas fizeram história viajando para novos lugares. Às vezes, elas iam apenas por ir. Porém, com mais frequência, partiam com o objetivo de buscar algo que não tinham em casa, como novos territórios ou a glória de ser o primeiro. Este capítulo apresenta alguns dos maiores viajantes do mundo. Você notará que muitos deles são dos séculos XV a XVII, pois os incansáveis europeus, principalmente, estavam descobrindo o restante do mundo naquela época.

Pioneiros Famosos: À Frente de Seu Tempo

Alguns pioneiros chegaram a lugares desconhecidos por eles antes do mundo estar pronto para sua chegada. Ir do ponto A ao ponto B é sempre uma conquista, mas e se nenhuma influência cultural ou ligação comercial resultarem desta viagem? Alguns exploradores, inclusive os mencionados a seguir, não sabiam nem o que haviam encontrado:

- **Pítias** (século IV a.C.): Os antigos gregos viajaram e se estabeleceram praticamente em todo o Mediterrâneo. Pítias, nascido em Massilia, na Gália, foi mais longe — muito mais longe. Por volta de 330 a.C., ele partiu de Massilia (atual Marselha, na França), passou pela Espanha, pelo Estreito de Gibraltar, subiu pela costa atlântica da Europa, passou pela Inglaterra e continuou na direção norte. Surpreendentemente aventureiro para a época, Pítias chegou à ilha de Thule, uma viagem que afirma ter demorado seis dias a partir do norte da Inglaterra. Provavelmente, ele chegara a uma parte da Noruega, mas algumas pessoas acham que havia chegado à Islândia. O relato de Pítias sobre a viagem perdeu-se no tempo, mas muitos escritores de outras épocas o citaram em suas obras.
- **Leif Eriksson** (final do século X, início do século XI): As sagas islandesas contam que, por volta do ano 1000, este filho alto, forte, inteligente e justo do assassino Erik, o Vermelho, saiu da Groenlândia com uma tripulação de 35 pessoas para explorar uma terra que havia sido avistada no oeste. Ele encontrou a Ilha de Baffin, ao norte do Estreito de Hudson; em seguida, avistou a costa de Labrador (chamando-a de Markland) e acampou na parte nordeste de Terra Nova. Eriksson chamou o lugar de Vinland, por causa das uvas selvagens ou por causa das frutas silvestres que encontrou lá (o lugar agora se chama L'Anse aux Meadows). Ele e sua tripulação ficaram por lá durante todo o inverno antes de retornar à Groenlândia. Eles teriam voltado se o pai de Leif, Erik, não tivesse morrido, tornando Leif o chefe da família na Groenlândia. Mais navios vikings viajaram da Groenlândia para o Canadá transportando outros membros do clã, mas eles brigaram com os povos nativos, chamados de Skraelings, e também entre si. Nunca houve um estabelecimento nórdico. Leif também levou o cristianismo à Groenlândia.

- **Zheng He** (desconhecido — aproximadamente 1433): Um eunuco da corte muçulmana na casa real chinesa, Zheng He também era almirante, explorador do mar e embaixador. De 1405 a 1407, Zheng comandou uma frota de 62 navios, a qual foi até a Índia. Em seguida, ele liderou mais seis expedições para o Golfo Pérsico e, finalmente, para o leste da África. Ele levou de volta girafas, avestruzes e zebras, mas os chineses nunca usaram os contatos que Zheng He estabelecera com os governantes de outros países para criar vantagens comerciais, nem para aumentar sua influência política no estrangeiro (o nome de Zheng He também pode ser escrito Cheng Ho, devido aos diferentes modos em que os nomes chineses foram transcritos para os alfabetos ocidentais). A Figura 111-1 mostra muitas das viagens de Zheng He.
- **Cristóvão Colombo** (1451-1506): Algumas pessoas celebram Colombo, enquanto outras o veem como um vilão por causa da descoberta da América. Mas o navegador alto, ruivo e excêntrico morreu sem perceber o que havia conseguido. Nascido em Gênova (na época, uma cidade-estado italiana independente), Colombo era um excelente navegador, que viajou pela costa atlântica da África e, provavelmente, pelo norte da Islândia. Ele explorou o caribe espanhol, tornando-se o primeiro navegador europeu a chegar às Bahamas, a Cuba (que ele achava ser o Japão), ao Haiti, à Jamaica e a Trinidad, antes de chegar às terras da América do Sul (especificamente na Venezuela). Porém, Colombo insistia que a China, seu verdadeiro objetivo, estava próxima. Rivais invejosos atrapalharam suas tentativas de estabelecer colônias. Caçadores de fortuna espanhóis fizeram acusações contra ele e levaram o italiano acorrentado de volta à Espanha. Os patrocinadores de Colombo, os governantes Ferdinando e Isabella, libertaram-no e deram-lhe outra expedição. Em sua quarta viagem, Colombo pegou uma doença que o matou. Ele cometeu pelo menos três erros graves em sua carreira:

- Pensar que a Ásia estendia-se muito mais a leste;
- Calcular que o raio da Terra tem apenas três quartos do que realmente tem;
- Recusar-se, por teimosia, a reavaliar o significado de suas descobertas.

Colombo inspirou muitos filmes, inclusive alguns muito ruins. Em *Cristóvão Colombo: A Aventura do Descobrimento*, de 1992, Tom Selleck faz o papel do rei Ferdinando enquanto Colombo chega à China e os roteiristas se perdem na trama. Um filme português de 2007, *Cristóvão Colombo, o Enigma*, fala sobre um historiador amador do século XX que tenta provar que o navegador era, na verdade, de Portugal, não da Itália.

- **Neil Armstrong** (1930-2012): Quando pisou na lua em 1969, Armstrong deveria dizer: "Um pequeno passo para *um* homem, um grande salto para a humanidade". No final, ficou "um pequeno passo para o homem", que mudou um pouco o sentido ("o homem" naquela época pré-feminismo geralmente referia-se a toda a espécie humana), mas sua frase não diminuiu o fato de alguém ter finalmente caminhado na lua. Nascido em Ohio, Armstrong foi piloto de combate e piloto de teste antes de ser treinado como astronauta. Depois de comandar o satélite Gemini 8 em 1966, ele foi escolhido para tripular a Apollo 11, uma expedição que chegaria à lua.

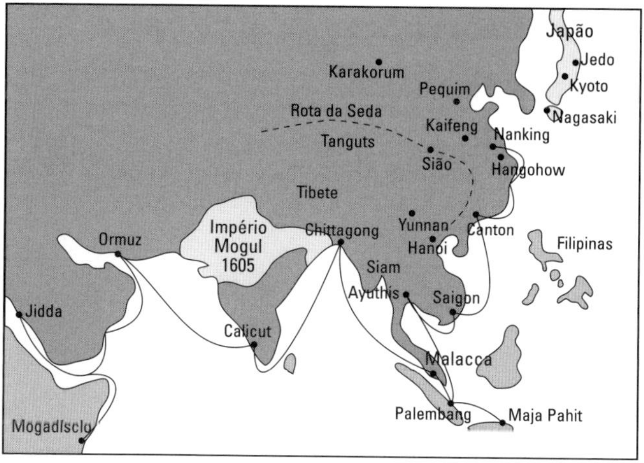

Figura 11-1: As viagens de Zheng He fizeram da China a líder mundial em navegações de longa distância.

Em 20 de julho de 1969, Armstrong saiu do módulo de pouso enquanto os terráqueos, assombrados, assistiam à TV. O copiloto Buzz Aldrin (1930-) foi o segundo homem a pisar na lua. Assim como a chegada de Colombo ao Novo Mundo foi um marco, a chegada do homem à lua provou ser uma grande reviravolta — no futuro, as pessoas poderão voltar à lua, provavelmente em uma viagem internacional através de programas espaciais, ou poderão chegar a outros planetas. Até agora, no entanto, a caminhada pela lua de 1969 parece ser uma conquista à frente de seu tempo. Ninguém, nem mesmo o pessoal criativo da NASA, tinha certeza do que fazer na lua ou com a lua depois de aterrissar seus astronautas por lá. Houve outras missões americanas Apollo, mas a exploração da lua acabou cedendo espaço para outras naves espaciais, testes não tripulados em outros planetas do sistema solar e a Estação Espacial Internacional.

Viajantes Notáveis: Levando Mensagens

Algumas figuras históricas viajaram para espalhar notícias. A maioria espalhava as notícias de onde havia estado após seu retorno. De qualquer forma, os viajantes sempre foram importantes fontes de informação e até de inspiração.

- **São Paulo** (aproximadamente 10 AD - aproximadamente 67 AD): Primeiro, ele era Saulo, um judeu que foi para a Judeia romana vindo de seu país natal, a Turquia. Ele se tornou rabino dos rígidos fariseus e acreditava na perseguição aos cristãos, que ele via como *hereges* (pessoas com crenças religiosas que contradiziam a doutrina oficial). Em seguida, em uma viagem a Damasco para aconselhar que os cristãos fossem cercados, ele disse que Jesus havia aparecido para ele em uma visão. Saulo ficou cego por um momento e, quando se recuperou, era Paulo, um apóstolo cristão viajante que escreveu 13 cartas do Novo Testamento. Ele vagava como missionário e participava de debates sobre a possibilidade dos *gentios* (não judeus) serem admitidos na Igreja (ele era a favor) e, se fossem, como isso seria feito. Outros líderes civis e religiosos, judeus e romanos, ainda mantinham a primeira opinião de Paulo de que as ideias cristãs ameaçavam a ordem estabelecida. A política romana dizia que aqueles que difundiam o cristianismo deveriam ser presos — ou pior — e, assim, Paulo passou seus últimos anos como prisioneiro.

MARCO

- **Marco Polo** (1254-1324): Nascido em uma família de comerciantes de Veneza, Marco Polo uniu-se ao pai e ao tio em uma viagem à China em 1271. Pelos relatos de Marco Polo, o imperador Kublai Khan apontou-o como um enviado e, em seguida, como governador de Yahngzhou antes do italiano voltar para casa em 1292. Soldado de Veneza em uma guerra contra os genoveses,

Marco Polo foi capturado e preso, e escreveu *As Viagens de Marco Polo* enquanto estava na prisão. O livro foi lido por muitas pessoas e se instalou na consciência provinciana de muitos estudiosos europeus. Muitos contemporâneos de Marco Polo achavam que o livro continha mentiras e muitos estudiosos que surgiram mais tarde também duvidam da veracidade dos relatos. Eles acham que seu currículo chinês foi inventado, mas as descrições do oriente contidas em seu livro ainda são um marco intercultural.

- **Ibn Battuta** (1304-1368): Algumas pessoas chamam este escritor de Marco Polo árabe, mas este título não faz jus a Ibn Battuta, pois ele escreveu sobre muitos lugares. Nascido em Tangiers, Marrocos, ele passou quase três décadas (de 1325 a 1354) percorrendo mais de 120 mil quilômetros. Assim como Marco Polo, ele visitou a China e foi muito bem recebido. Também visitou todos os países muçulmanos, escrevendo sobre Meca (na atual Arábia Saudita), Pérsia (atualmente chamada de Irã), Mesopotâmia (atual Iraque), Ásia Menor, Bokhara (atual Uzbequistão), sul da Espanha e a cidade de Timbuktu, no norte da África, além de Índia e Sumatra. Ele acabou se estabelecendo em Fez, Marrocos, e narrou a história de suas jornadas. Seu livro, *Rihlah*, reúne memórias de observações culturais, sociais e políticas.
- **Américo Vespúcio** (1454-1512): O florentino Vespúcio escreveu sobre sua viagem de 1499 à Venezuela e a outros pontos ao sul. Mas Martin Waldseemüller (aproximadamente 1470-1518), um clérigo do nordeste da França, foi quem levou o nome do navegador para o Novo Mundo. Em uma pequena publicação chamada *Cosmographiae Introductio* (ou *Cosmo*), Waldseemüller espalhou a notícia de que havia uma quarta parte do mundo além da Europa, da Ásia e da África. Ele chamou este novo continente de *América*, uma homenagem latinizada a Vespúcio. O nome pegou.

Outros cartógrafos passaram a chamá-la de América do Sul, utilizando o nome de Vespúcio também para a América do Norte.

Mais tarde, Vespúcio foi vítima de calúnias históricas, pois foi acusado de ter roubado os créditos pela descoberta da América, que pertenciam a Colombo, ou de ter sido o cartógrafo que, de modo egoísta, batizara o Novo Mundo com seu nome. Estas falsas acusações provavelmente têm como base a antipatia irracional que um filósofo americano, Ralph Waldo Emerson (1803-1882), tinha com relação a Vespúcio. Emerson referiu-se ao italiano como um "vendedor de picles" e "contramestre de uma expedição da qual nunca havia participado". Não é claro de onde Emerson tirou a impressão de que Vespúcio nunca viajou para o Hemisfério Norte, ou que Vespúcio não passava de um navegador rico e estudado, com credenciais sólidas em navegação oceânica. Vespúcio passou a ser o principal piloto da Espanha, o melhor navegador do governo, em 1505.

Exploradores Pioneiros: Buscando Novas Rotas

Muitos viajantes deixaram suas casas em busca de algo específico — e muitos deles, principalmente do século XVI ao século XIX, procuravam rotas entre a Europa e a Ásia.

- **Henrique, o Navegador** (1394-1460): O príncipe Henry tinha o sonho de encontrar uma rota marítima para a Índia e para a China. Para realizar este sonho, este membro da família real portuguesa fundou uma escola de navegação científica e patrocinou expedições ao longo da costa ocidental da África. Com o mesmo interesse, construiu o primeiro observatório de Portugal para avançar a ciência que ensinava aos marinheiros como poderiam se guiar pelas estrelas. Embora tenha morrido antes que seus alunos viajassem ao redor da África, o príncipe abriu caminho para os maiores sucessos náuticos e comerciais de seu país.

- **Juan Ponce de León** (1460-1521): Administrador de uma plantação espanhola na ilha de Hispaniola (atualmente República Dominicana e Haiti), este oficial veterano (ele provavelmente fez parte da tripulação de Colombo em sua segunda missão) ouviu os nativos locais mencionarem outra ilha tentadora. Ele navegou para lá, subjugou os nativos e passou a ser o governador espanhol de Porto Rico. Em seguida, León se inspirou por outra história dos nativos, que mencionava uma ilha onde havia uma fonte que tornava jovem e saudável quem bebesse de sua água. Ele nunca encontrou esta ilha nem sua *fonte da juventude*, mas chegou à Flórida no início de 1513. Ele morreu em decorrência de um ferimento de flecha em sua segunda expedição à Flórida.
- **Meriwether Lewis** (1774-1809) e **William Clark** (1770-1838): Mais conhecidos como Lewis e Clark, estes amigos cruzaram a América do Norte procurando o que muitos navegadores haviam falhado em encontrar: uma rota entre os oceanos pelo norte. Apoiados pelo governo americano, Lewis e Clark queriam encontrar uma rota definida pelos rios com um prolongamento gerenciável de terra firme na divisa continental. Ninguém sabia quão altas, inclinadas e extensas eram as Montanhas Rochosas. A ideia americana de cadeia montanhosa naquela época baseava-se nos Apalaches. A expedição de Lewis e Clark deveria chegar às águas do Rio Missouri e, em seguida, *aportar* (transportar suas canoas e suprimentos) para as águas próximas de um rio que corria para o oeste, que os levaria ao Pacífico. Esta rota teria sido uma vantagem comercial para os comerciantes americanos, que queriam estabelecer um posto de troca na costa oeste (apesar dos Estados Unidos não terem direitos territoriais na costa oeste naquela época).

  O presidente Thomas Jefferson escolheu Lewis, seu secretário particular, para liderar a expedição em 1804. Lewis levou Clark como co-comandante de um grupo que viajou de canoa, a cavalo e a pé pelas margens do Missouri e através das Montanhas Rochosas. Nas Montanhas Rochosas, eles acharam que a montanha que cruzava o Rio Columbia era grande e acidentada demais para uso comercial. Eles viajaram pelo Rio Columbia até o Pacífico, passaram o inverno no Oregon e retornaram para o leste. Suas observações das terras, das pessoas, das plantas e da vida selvagem não foram em vão, embora Lewis não tenha conseguido publicar seus diários.

Lewis passou a ser o governador do Território da Louisiana em 1807. Um homem perturbado, ele se suicidou enquanto viajava pelo Tennessee. Clark ocupou diversos cargos governamentais e negociou diversos tratados com as tribos nativas.

- **Sir John Franklin** (1786-1847): oficial da Marinha Britânica, Franklin lutou nas Guerras Napoleônicas e foi governador da Tasmânia. Ele começou a viajar da mesma forma que muitos navegadores anteriores, em busca de uma passagem pelo noroeste — uma rota marítima pelos mares do norte que contornasse a América do Norte. A expedição de Franklin não pode ser classificada exatamente como um sucesso, pois ele e sua equipe morreram no navio, que ficou preso no gelo. Porém, eles chegaram bem perto — a alguns quilômetros — de encontrar o canal pelo qual Franklin recebeu os créditos. Ninguém conseguiu navegar pela rota traiçoeira até que o explorador norueguês Roald Amundsen conseguiu o feito no início do século XX. Um petroleiro quebra-gelos foi a primeira embarcação comercial a usar a passagem, em 1969. No século XXI, com o recuo do gelo do Ártico, a Passagem do Noroeste pode provar, finalmente, ser uma rota acessível para a navegação entre o Atlântico e o Pacífico.

Conquistadores Famosos: Má Companhia

Nem todos os exploradores tinham motivos positivos para buscar novos mundos; alguns visitantes, como os citados a seguir, simplesmente invadiam e tomavam os territórios:

- **Vasco da Gama** (aproximadamente 1469-1525): Nascido em Sines, Portugal, ele foi um dentre uma série de exploradores treinados e despachados com o objetivo de explorar a costa africana, contornar a ponta sul do continente e estabelecer uma rota comercial com o Oriente. Como primeiro a ser bem-sucedido, Vasco da Gama retornou a Portugal com uma viagem de Pedro Álvares Cabral (aproximadamente 1467 - aproximadamente 1520), que acidentalmente chegou à costa brasileira em seu caminho para o sul, estabelecendo os direitos de Portugal sobre a América do Sul. Vasco da Gama retornou em 1502 como um reforço, estabelecendo um padrão para o colonialismo europeu brutal na Ásia. Quando a autoridade portuguesa na Índia escorregou nos anos 1520, o governo tirou Vasco da Gama de sua aposentadoria e o enviou como vice-rei. Ele ficou doente e morreu durante a viagem.
- **Francisco Pizarro** (aproximadamente 1478-1541): Pizarro, um soldado de Trujillo, Espanha, era habilidoso e brutal. Ele usou estas duas qualidades para derrotar o império inca na América do Sul nos anos 1530, capturando e assassinando o rei Atahualpa. Pizarro também lutou contra seu colega conquistador Diego de Almagro (aproximadamente 1475-1538) (*Conquistador* é a palavra espanhola para os comandantes conquistadores que tomaram as terras dos nativos americanos). Quando Almagro, conquistador do Chile, desafiou a autoridade de Pizarro no Peru, o doente Pizarro enviou seus irmãos para capturarem e matarem Almagro.
- **Hernan Cortés** (1485-1547): Cortés ajudou seu comandante, Diego Velázquez de Cuéllar (1465-1524), a conquistar Cuba. Depois de discutir com Velázquez, Cortés, um nobre orgulhoso de Medellin, Espanha, apressou sua planejada partida de Cuba para o México, fundando a cidade portuária de Vera Cruz antes de avançar por terra. Fazendo alianças com os nativos que se opunham ao governo asteca, ele marchou para a capital asteca. O rei asteca, Montezuma, deu as boas-vindas a Cortés inicialmente considerando-o um deus mas, quando os astecas passaram a suspeitar dos motivos do espanhol, Cortés pegou Montezuma como refém. Velázquez enviou uma expedição para levar Cortés de volta a Cuba, mas Cortés convenceu o líder

a se unir a ele e chegou a queimar seus navios para que ele não pudesse ser levado de volta a Cuba. Depois de uma rebelião dos nativos, a morte de Montezuma pelas mãos dos rebeldes e um breve recuo espanhol, Cortés conquistou o México em 1521. Ele também tentou conquistar Honduras, mas falhou.

Os Primeiros Famosos

Como Jean-Luc Picard (não uma figura histórica, mas um personagem de ficção científica) disse uma vez, o explorador almeja "ir para onde ninguém jamais foi" (sim, fãs de *Guerra nas Estrelas*; James T. Kirk disse isso primeiro, mas sua versão especifica um gênero — "onde nenhum *homem* jamais foi" — soa ironicamente obsoleta nos dias de hoje). O que era verdadeiro nesta fábula futurista certamente era verdadeiro no passado do mundo real, quando os exploradores competiam para ser a primeira pessoa a conquistar uma barreira geográfica ou a extrapolar totalmente os limites da geografia. As pessoas citadas a seguir se encaixam nesta descrição, e aqueles que sobreviveram conquistaram os direitos de usar o título "primeiro".

LEMBRE-SE

Se você percebeu que outros exploradores deste capítulo foram os primeiros a chegar onde ninguém havia chegado, parabéns. Isso significa que está prestando atenção. Um capítulo sobre exploradores tende a ter muitos *primeiros*. Mas o estudo da História é dividido em categorias arbitrárias — válidas somente para a prova de História ou como dicas de memorização. Os títulos dos tópicos deste capítulo são apenas rótulos arbitrários.

- **Fernão de Magalhães** (aproximadamente 1480-1521): O que Colombo sonhou fazer — chegar ao ocidente navegando pelo oeste — Magalhães realizou. O capitão português que viajava sob as cores da Espanha partiu de Sevilha, na Espanha, contornou a América do Sul e cruzou o Pacífico até as Filipinas, onde morreu em uma disputa tribal. Sua expedição, comandada por Juan Sebastian del Cano, continuou, e uma tripulação pequena e doente concluiu a primeira viagem ao redor do mundo. Quando Magalhães entrou pela primeira vez no *novo* oceano a oeste da América do Sul, o clima estava bom e as águas ficaram calmas durante semanas, então ele chamou o oceano de Pacífico. O Pacífico provou ser tão violento quanto o Atlântico durante uma tempestade, mas o nome permaneceu.

- **Robert E. Peary** (1856-1920) e **Matthew A. Henson** (1866-1955): Peary e Henson, tidos como os primeiros a chegarem ao Polo Norte, podem não ter alcançado exatamente o polo geográfico em 1909. É difícil dizer, pois não há nada que demarque o Polo Norte, e também não há terra por lá — apenas gelo flutuando tão rápido que o acampamento mais próximo pode se deslocar quilômetros durante a noite. Mesmo assim, as observações de Peary mostram que ele e Henson chegaram a 30 quilômetros do polo, ou mais próximos.

  Oficial da marinha americana da Pensilvânia, Peary comandou diversas expedições ao Ártico, pelo menos quatro delas com o objetivo de chegar ao Polo Norte. Henson, que Peary contratara como valete (assistente pessoal) em 1897, foi seu navegador, pioneiro e tradutor. Eles quase perderam o posto de primeiros a chegarem ao Polo Norte para um antigo membro da expedição de Peary, Frederick A. Cook (1865-1940), que afirmou ter chegado ao polo um ano antes. Mas Cook, que também havia dito ter escalado o Monte McKinley, no Alasca, tinha o hábito de exagerar. Os outros projetos de Peary incluíam uma expedição de pesquisa à Nicarágua. Henson escreveu o livro *A Black Explorer at the North Pole (Um Expolorador Negro no Polo Norte)* em 1912.

- **Roald Amundsen** (1872-1928): O norueguês Amundsen não conclui a corrida até o Polo Norte, embora tenha sido o primeiro a localizar o Polo Norte magnético (que não é o mesmo que o Polo Norte geográfico, uma discrepância que provocou discussões entre os navegadores do norte que usavam bússolas, os quais apontam para o polo magnético, não para o geográfico). Quando descobriu que Robert Peary o havia vencido na competição, Amundsen foi para o Polo Sul, chegando lá em dezembro de 1911. O inglês Robert F. Scott (1868-1912) chegou um mês mais tarde, apenas para descobrir que era tarde demais; Scott e toda sua equipe morreram no caminho de volta. As outras conquistas de Amundsen incluem navegar pela Passagem do Noroeste e sobrevoar o Polo Norte em um pequeno dirigível.

- **Yuri Gagarin** (1934-1968): Gagarin, o primeiro *cosmonauta* (como eram chamados os astronautas russos), morreu jovem, antes do início da exploração espacial pelo homem. Gagarin era membro da força aérea soviética e foi o primeiro humano a viajar para fora da atmosfera terrestre, quando fez uma viagem ao redor do planeta na nave Vostok, em 1961. Ele viveu para ver o americano John Glenn chegar à órbita sustentada, dando três voltas na Terra em 1963, mas Gagarin morreu em um acidente aéreo um ano antes do homem pisar na lua.

Guias Renomados

Algumas pessoas simplesmente sabem como chegar aos lugares. À frente de muitos grandes exploradores estava um guia que indicava o caminho.

- **Ahmad Ibn Majid** (início dos anos 1430 - aproximadamente 1500): Quando o português Vasco da Gama deu a volta na ponta sul da África, navegando pelas águas perigosas entre a costa leste daquele continente e a ilha de Madagascar, sabia que precisaria de ajuda para viajar até a Índia. Ele esperava encontrar um marinheiro árabe para guiá-lo. Talvez qualificado demais, o homem que Vasco da Gama encontrou em Malindi foi Ahmad Ibn Majid, também conhecido como "o leão do mar enfurecido" (ninguém mais tem apelidos como este hoje em dia). Este grande navegador árabe escreveu mais de 30 livros sobre navegação, oceanografia e geografia. Ele se especializou no Mar da Arábia, no Mar Vermelho e no Oceano Índico, e seu conhecimento era exatamente o que Vasco da Gama precisava para abrir aquela parte do mundo para o comércio europeu. Muitos árabes e outros muçulmanos lamentaram que Ibn Majid tenha compartilhado o que sabia.

- **Sakagawea** (desconhecido - 1812): Uma tribo rival capturou a jovem mulher Shoshone de seu vilarejo nativo (atualmente onde fica Idaho) e a vendeu para Toussaint Charbonneau, um comerciante de peles canadense. Charbonneau se casou com ela em um rito indígena e a levou junto quando Lewis e Clark o contrataram como guia de sua expedição. Sakagawea provou ser melhor guia que Charbonneau e ainda servia como intérprete, comerciante, embaixatriz e plantonista de emergência, salvando o valioso diário de Lewis, que flutuava pelo rio. Como estava grávida no início da viagem, deu à luz no meio do caminho e, a partir de então, passou a carregar seu filho nas costas. Seu nome, que significa "Mulher Pássaro", tem diferentes formas de escrita, dentre elas Sakajawea.

Dissidentes Famosos: Aproveitando Oportunidades

Viajar bem normalmente significa agarrar qualquer oportunidade que apareça — transformar o exílio em uma oportunidade de encontrar um local de estabelecimento, por exemplo, ou de assumir a colônia quando se tem uma chance. Os viajantes a seguir estão entre os muitos que quebraram algumas regras a caminho das descobertas:

- **Erik, o Vermelho** (século X AD): O líder viking Erik Thorvaldson foi banido de seu país, a Noruega, por homicídio. Ele navegou para o oeste, até a Islândia, em 982 AD, mas depois de se estabelecer por lá e voltar a matar, foi banido outra vez. Erik se mudou para uma península a oeste da Islândia e — isso mesmo! — voltou a matar; desta vez, a sentença foi um exílio de três anos. Para onde ele poderia ir a não ser mais para o oeste? Ele sabia que deveria haver terras por lá, pois um navegador chamado Gunnbjorn havia afirmado isso depois de se desviar de seu curso 50 anos antes. Então, Erik navegou para lá e encontrou a Groenlândia, cheia de animais de caça e com vegetação suficiente para um bom pasto (naquela época era mais quente). Quando seu exílio terminou, Erik e sua tripulação retornaram à Islândia e reuniram 25 navios cheios de islandeses sedentos pela vida em outra terra. Erik teria comandado a expedição de seu filho, Leif Eriksson, à América do Norte se não tivesse caído do cavalo antes de partir e decidido que era um mau presságio contra seu plano de viagem. Ele disse para Leif partir sem ele.

- **Vasco Núñez de Balboa** (1475-1519): Balboa chegou a Darién (agora parte do Panamá) como passageiro clandestino de um navio espanhol. Ele tomou o poder durante uma rebelião e estendeu a influência espanhola para as regiões próximas. Para difundir esta influência, era preciso viajar por florestas e terras úmidas, mas ele também encontrou planaltos e, do topo de uma montanha, Balboa avistou o que chamou de Oceano do Sul e reclamou a região para a Espanha. Mais tarde, o navegador Fernão de Magalhães chamou este oceano de Pacífico. Apesar da dedicação de Balboa, a Espanha apontou Pedro Arias Dávila (aproximadamente 1440-1531) como governador de Darién. Balboa tirou melhor proveito deste acordo liderando diversas expedições para Dávila. Porém, em 1519, Dávila e Balboa se confrontaram e o governador pediu a decapitação de Balboa.

Capítulo 12

Virando a Mesa: Rebeldes e Revolucionários

Neste Capítulo

- Inspirando as massas com sofrimento
- Colocando as ideias em prática
- Criando novas regras
- Conquistando o poder, apenas para perdê-lo

Em uma democracia como os Estados Unidos, os eleitores determinam quem será o líder. A transição de uma administração para outra raramente envolve violência — a menos que você considere difamação uma violência. No entanto, ao longo da História, a busca pela mudança geralmente envolveu força bruta. Este capítulo oferece uma amostra daqueles que buscaram e/ou conquistaram a mudança — reformadores, revolucionários e alguns usurpadores. Estas pessoas — detendo, querendo, lutando ou rejeitando o poder — lutaram, conspiraram e trabalharam para liderar em novas eras.

Revolucionários que se Tornaram Governantes

O objetivo de qualquer revolução política é expulsar as pessoas que estão no poder e substituí-las por outras. Geralmente, os líderes da revolução passam a ser os líderes da nova ordem política. Mas formar um governo e restaurar a ordem é uma tarefa diferente de simplesmente acabar com a antiga ordem.

As pessoas citadas neste tópico lutaram para expulsar opressores, mas acabaram tendo que enfrentar um novo conjunto de desafios como líderes de seus países. O modo como cada um destes personagens se transformou com a transição ilustra como é complicado exercer o poder de maneira inteligente e elegante.

- **Lúcio Júnio Brutus** (final do século VI a.C.): A História conhece este herói romano pelo estranho apelido que passou a fazer parte de seu nome formal e foi transmitido orgulhosamente para seus descendentes. No início de Roma, quando era uma cidade-estado governada por um rei, *brutus* significava "idiota". Lúcio Júnio conquistou este título fingindo ser um idiota para que o rei Tarquínio, o Soberbo, não o matasse. Quando o pai rico de Brutus morreu, o rei confiscou sua propriedade e matou o irmão de Brutus. Ele não se preocupou em matar o "idiota".

  Depois que o filho do rei, Sexto Tarquínio, estuprou a esposa de um nobre e ela cometeu suicídio, o sentimento público voltou-se contra o rei. Brutus liderou os romanos em uma revolta. Eles declararam a república em 509 a.C. Os cidadãos elegeram o "idiota" para seu cargo principal, cônsul. No entanto, dois filhos de Brutus se voltaram contra o pai. Eles conspiraram para devolver o trono à família de Tarquínio (o clã de Tarquínio, o Soberbo). Com a recém-criada república em jogo, Brutus ordenou a prisão e a morte de seus dois filhos. A república romana sobreviveu, mas Brutus não; ele morreu em um combate homem a homem contra Aruns Tarquínio, outro filho de Tarquínio, o Soberbo.

- **Zhu Yuánzhang** (1328-1398): Aos 17 anos, depois que toda a sua família de trabalhadores rurais morreu devido a uma epidemia, Zhu entrou para um monastério budista. Oito anos mais tarde, ele deixou o monastério para liderar a província de Anhwei contra os governantes mongóis da China. Após anos de batalha, as forças de Zhu ocuparam Pequim, a capital mongol. Aos 40 anos de idade, Zhu Yuánzhang proclamou-se primeiro imperador da Dinastia Ming.

- **Oliver Cromwell** (1599-1658): Cromwell foi um puritano ferrenho, oficial militar disciplinado e membro persuasivo do Parlamento inglês durante o reinado de Charles I. As políticas religiosa e econômica de Charles levaram à guerra civil. Cromwell defendeu o rei no início, mas depois levou Charles a julgamento e assinou sua pena de morte em 1649.

  Após a execução, Cromwell ficou observando o corpo sem vida do rei e murmurou: "Cruel necessidade".

  Cromwell substituiu a monarquia por uma *commonwealth* governada por uma única casa do parlamento, da qual era o presidente. Quando sua forma de governo provou-se ineficaz, ele se declarou senhor protetor, uma espécie de ditador puritano com poderes similares aos do rei. Ele acabou com os oponentes, reorganizou a igreja anglicana com base no puritanismo e colocou fim, de maneira cruel, a uma rebelião irlandesa. Após a morte de Cromwell, seu filho Richard brevemente o sucedeu como senhor protetor, mas o jovem Cromwell não conseguiu suportar os desafios dos rivais, que o removeram de seu cargo em 1659. O parlamento restaurou a monarquia no ano seguinte.

- **Vladimir Ilitch Lenin** (1870-1924): Lenin colocou a filosofia econômica do marxismo para funcionar na Rússia. Como estudante de direito de São Petersburgo, suas atividades de esquerda fizeram com que fosse enviado para a Sibéria. Voltou como líder da facção de extrema esquerda do Partido Social-Democrata dos Trabalhadores Russos. Lenin passou grande parte da Primeira Guerra Mundial exilado. Após a queda do governo russo em 1917, a Alemanha, inimiga do governo czarista, ajudou Lenin a retornar à sua terra natal. Ele liderou os russos com os *slogans* "Paz e pão" e "Todo o poder aos sovietes" (*sovietes* eram um conselho de trabalhadores ou camponeses). Em outubro de 1917, ele liderou a revolução Bolchevique e passou a ser o chefe do primeiro governo soviético.

As forças contrarrevolucionárias tentaram reverter o que Lenin havia feito, o que resultou na Guerra Civil Russa de 1918 a 1921. Os comunistas de Lenin venceram a guerra depois de nacionalizar as principais indústrias e bancos e de tomar o controle das fazendas. Apesar de ajudarem Lenin a derrotar os contrarrevolucionários, estas medidas acabaram levando as Repúblicas Socialistas da União Soviética ao colapso econômico e à fome. Lenin reagiu instituindo uma *Nova Política Econômica*, permitindo a produção privada. Este recuo do socialismo generalizado desapontou os colegas comunistas mais linha-dura de Lenin. A nova política chegou tarde demais, pois a economia rural se recuperou de forma muito lenta e milhares de russos morreram de fome entre 1922-1923.

- **Ho Chi Minh** (1892-1968): Como Nguyen Tat Tahnh, ele era um jovem bem-educado da Indochina francesa (o Vietnã governado pelos franceses) que já havia viajado bastante e vivido na Inglaterra, nos Estados Unidos, na França e na China. Em Paris, ele participou ativamente do recém-criado Partido Comunista Francês e, em seguida, foi para a recém-estabelecida União Soviética, onde o governo o recrutou como agente estrangeiro e o enviou para Guanzhou, no sul da China. Lá, Ho Chi Minh (o nome significa "Aquele que Esclarece") organizou os exilados vietnamitas em um Partido Comunista Indochinês.

  Depois que seus primeiros esforços contra o governo francês da Indochina falharam em 1940, Ho (ilustrado na Figura 12-1) refugiou-se na China e acabou sendo preso pelo governo nacionalista anticomunista que existia lá. As forças japonesas ocuparam a Indochina durante a Segunda Guerra Mundial e, em 1943, Ho retornou para organizar as forças da guerrilha vietnamita. Os Viêt Minh foram bem-sucedidos e Ho proclamou a República Democrática do Vietnã em 1945, mas logo depois as forças coloniais francesas retornaram. Ho lutou novamente contra os franceses. Por volta de 1954, os Viêt Minh expulsaram os franceses, mas a guerra de Ho ainda não havia sido vencida. Líderes vietnamitas rivais tomaram o controle da parte sul do país.

A Conferência de Genebra de 1954, que acabou oficialmente com a guerra entre franceses e indochineses, dividiu o Vietnã ao longo do sétimo paralelo, colocando Ho Chi Minh como governante do Vietnã do Norte. Ele permaneceu comprometido com um Vietnã reunificado. Depois que um golpe militar em 1963 deixou o Vietnã do Sul vulnerável a uma retomada pelo Vietnã do Norte, os Estados Unidos enviaram assistência militar para lá. A guerra resultante — marcada pela escalada americana nos anos 1960 e 1970 — estava em seu auge quando Ho morreu, mas seu lado acabou vencendo e as forças americanas se retiraram do Vietnã do Sul nos anos 1970. A antiga capital do Vietnã do Sul, Saigon, foi renomeada para Cidade de Ho Chi Minh.

Figura 12-1: O líder norte-vietnamita Ho Chi Minh abraçou o comunismo ainda jovem, quando estava na França.

© Getty Images

- **Fidel Castro** (1927-): Nascido em uma próspera família cubana, Castro estudou Direito em Havana e foi um talentoso lançador de beisebol — alguns dizem que teria chegado a ser profissional — mas ele se convenceu de que o governo corrupto do ditador Fulgencio Batista (1901-1973) precisava ser expulso. Castro uniu-se a uma revolução em 1953, mas o motim falhou e ele foi preso. Conseguindo anistia, fugiu para os Estados Unidos e depois para o México, onde reuniu apoio para outro ataque a Batista, que teve início em 1956. Castro e seus aliados finalmente forçaram Batista a sair da ilha em 1959. Castro ordenou que muitos dos aliados de Batista fossem executados, fazendo disparar um alarme em Cuba e no exterior. Ao falhar nas negociações de relações diplomáticas e acordos comerciais com os Estados Unidos, o líder cubano recorreu à União Soviética para obter apoio. Em 1961, ele instituiu um governo marxista-leninista. Suas reformas dependeram do financiamento soviético durante décadas, principalmente porque os Estados Unidos, anticomunistas, impuseram um embargo sobre o comércio com Cuba. Mesmo assim, o regime de Fidel Castro sobreviveu à queda da URSS em 1991. Em 2006, seu irmão e número dois há muito tempo, Raúl Castro, assumiu como líder provisório devido ao estado de saúde de Fidel. Embora Fidel tenha se recuperado, ele recusou outro mandato como presidente e Raúl Castro o sucedeu oficialmente em fevereiro de 2008. Até meados de 2013, Fidel Castro continuava como conselheiro de seu irmão e Primeiro Secretário do Partido Comunista Cubano.

- **Robert Mugabe** (1924-): Como jovem professor, Mugabe ajudou a formar as organizações políticas democráticas na Rodésia, uma colônia britânica no sul da África com autogestão limitada dos brancos. Com Ndabaningi Sithole, Mugabe ajudou a fundar a União Nacional Africana do Zimbábue (UNAZ), que buscava a libertação dos negros. Acusado de "discurso subversivo", Mugabe passou uma década preso; enquanto estava na prisão, ele se formou em Direito e liderou um golpe que expulsou Sithole da liderança da UNAZ.

  No final dos anos 1970, a UNAZ de Mugabe uniu forças com a rival União dos Povos Africanos do Zimbábue (UPAZ), de Joshua Nkomo (1917-1999), em uma guerrilha contra o governo branco. Uma eleição democrática de 1979, a primeira da nação, transformou a Rodésia no Zimbábue governado pelos negros. Mugabe foi eleito primeiro-ministro pela maioria esmagadora no ano seguinte, mas acabou minando a democracia ao estabelecer o governo de um partido em 1987. Seu regime ditatorial ficou cada vez mais repressivo conforme sua popularidade diminuía nos anos 1990 e 2000.

Uma eleição tumultuada em 2008 resultou no que parecia ser uma vitória do desafiante Simba Makoni. Semanas se passaram antes que uma contagem de votos oficial, porém muito disputada, mostrou que nenhum dos dois candidatos tinha a maioria dos votos. Mugabe então "venceu" a eleição de desempate. Enfrentando o escândalo de uma eleição forjada, o caos civil, a fome e uma inflação astronômica que deixou a moeda do país sem qualquer valor, Mugabe concordou em compartilhar o poder com o partido de Makoni, mas não foi capaz de cumprir sua parte do acordo. Enquanto isso, as reservas de água do Zimbábue acabaram e uma epidemia de cólera varreu o país. Na África e no mundo todo, havia pedidos de renúncia de Mugabe. Muitos diziam que ele devia ser expulso. No início de 2009, Mugabe, com 85 anos, continuou desafiando seus críticos e permaneceu no poder.

Rebeldes Carismáticos

A rebelião tem um certo romantismo. "O Líder do Bando", como diz uma antiga canção sobre um líder, tem um magnetismo desafiador — seja o apelo de um idealista ou a coragem de um guerrilheiro. Muitos movimentos tiveram líderes carismáticos, que atraíram o interesse e reuniram apoio. Os seguintes personagens se encaixam sob este rótulo:

- **Toussaint L'Ouverture** (1746-1803): François-Dominique Toussaint (apelidado de "L'Ouverture") nasceu de pais escravos africanos e cresceu para libertar os negros da ilha caribenha de Hispaniola. Como membro e depois líder dos Republicanos

Franceses do Haiti, Toussaint enfrentou oposição armada dos senhores franceses napoleônicos; dos britânicos, que ele expulsou da ilha; dos espanhóis, que governavam a outra metade da ilha (atual República Dominicana); e dos *mulattos*, pessoas de descendência branca e negra, que eram contra a perda de seu posto na hierarquia racial do Haiti. Os agentes de Napoleão capturaram o desafiante Toussaint e o enviaram para Paris, onde morreu na prisão.

- **Simón Bolívar** (1783-1830): Nascido em Caracas, Bolívar é um herói nacional em pelo menos cinco países: Venezuela, Colômbia, Equador, Peru e Bolívia (que tem esse nome em homenagem a Bolívar). Conhecido como "O Libertador" e "O George Washington da América do Sul", ele foi uma peça muito importante nas guerras de independência que expulsaram a Espanha da América do Sul. O apaixonado Bolívar viajou pelo continente, liderando campanhas de independência. Porém, enfrentou outros lutadores pela liberdade e, como primeiro presidente da República da Colômbia (atualmente Colômbia, Venezuela e Equador), lutou contra os dissidentes e enfrentou uma guerra civil. Desanimado, Bolívar exilou-se e acabou morrendo no exílio.
- **Sun Yixian** (1866-1925): Os comunistas chineses do continente e os nacionalistas chineses da ilha de Taiwan podem não concordar em muitos aspectos, mas ambos consideram Sun Yixian o fundador da China moderna. Também conhecido como Sun Yat-sen, ele fundou o *Tongmenghui* da China, ou Liga Unificada, em Tóquio, Japão, em 1905. Sun viveu longe da China durante a primeira década do século XX porque foi exilado depois de falhar em uma tentativa de derrubar a Dinastia Qing em 1895. O governo imperial em decadência via Sun como uma ameaça tão grande que seus agentes o sequestraram enquanto ele visitava Londres durante o exílio (os ingleses negociaram sua libertação). Os Qing tinham razão em temer Sun,

pois seu Tongmenghui evoluiu para o *Kuomitang*, ou Partido Nacionalista Chinês, que foi muito importante na queda da Dinastia Qing em 1911 e também no estabelecimento de um governo nacionalista com vida curta. Sun foi presidente por um breve período em 1912, antes de abrir mão do cargo para favorecer outro líder revolucionário, que recompensou Sun banindo o Kuomitang. Sun estabeleceu um governo separado em Cantão, em 1913, e supervisionou uma aliança desconfortável com o recém-formado Partido Comunista Chinês nos anos 1920. Ele estava tentando negociar um governo unificado quando morreu.

- **Che Guevara** (1928-1967): No final dos anos 1960, um cartaz famoso nas paredes dos dormitórios mostrava o rosto sombreado e barbudo de Ernesto Guevara de la Serna, um argentino que fora estudante de medicina. Depois de ajudar a expulsar o governo de Cuba na revolução de 1956 a 1959, Che — como ficou popularmente conhecido — serviu em diversos postos no regime de Fidel Castro. Ele deixou Cuba em 1965 para liderar guerrilhas na Bolívia. A boa aparência de Che, sua simpática boina e, principalmente, o momento de sua prisão e execução em 1967 fizeram dele um mártir da esquerda política dos anos 1960. Sua imagem ainda aparece em camisetas, como uma manifestação de atitude rebelde e moda retrô.

Para comprovar o fascínio provocado por Che Guevara, assista aos três filmes produzidos 25 anos após sua morte. O filme *Che*, de Steven Soderbergh, conta o envolvimento do revolucionário com a revolução cubana. Também de Soderbergh, *Che 2 — A Guerrilha* fala sobre a tentativa sem sucesso de Che em levar a revolução até a Bolívia. Os dois filmes, lançados em 2008, foram apresentados juntos. No filme dirigido por Walter Salles, *Diários de Motocicleta*, de 2004, vemos um Che jovem em busca do prazer em uma viagem pela América do Sul, em 1953, que abre seus olhos para a pobreza e para as injustiças sociais.

Dois Homens com Ideias

Ideias dão início a revoluções, mas os pensadores nem sempre se transformam nos melhores revolucionários. Os homens deste tópico não eram apenas escritores que resumiam as ideias que atraíam apoio à sua causa; eles também eram executores, que tomavam decisões impulsivas envolvendo a vida e o destino de outras pessoas. Transformar uma ideia em um resultado prático não é fácil, principalmente quando há política envolvida. Uma teoria sublime pode ter resultados sublimes, ou pode resultar em tragédia. A seguir, um exemplo de cada um destes casos:

- **Thomas Jefferson** (1743-1826): Em 1774, Jefferson escreveu a *Visão Resumida dos Direitos da América Britânica*, expressando a infelicidade que o levou a se tornar delegado do Congresso Continental da Filadélfia. Jefferson também escreveu a Declaração da Independência, que foi aprovada pelo congresso revolucionário em 1776. Seu serviço público incluiu a presidência dos Estados Unidos (dois mandatos), a vice-presidência do país (quando John Adams foi presidente), secretário de estado (no governo de George Washington), governador da Virgínia e embaixador na França. Como presidente, sua corajosa Compra da Louisiana mais do que dobrou o tamanho dos Estados Unidos. Ele também patrocinou a expedição de Lewis e Clark, abrindo o precedente para a expansão americana no Pacífico.

  Jefferson foi feliz em seus objetivos estéticos, principalmente na arquitetura. A Universidade da Virgínia e o palácio do governo da Virgínia estão entre suas criações. A morte de sua esposa após dez anos de casamento arruinou sua vida particular e quatro de seus seis filhos morreram ainda jovens. No final dos anos 1990, provas de DNA reforçaram os rumores de que Jefferson era o pai dos filhos de uma escrava de sua casa, Sally Hemings.

- **Mao Ze-dong** (1893-1976): Também chamado de Mao Tse-tung, este presidente da República Popular da China liderou seu partido em uma luta pelo poder e guiou seu país em tempos difíceis no século XX. Mao veio da província de Hunan e tinha acabado de concluir a faculdade quando encontrou um emprego na biblioteca da Universidade de Pequim. Os professores marxistas da universidade mudaram seu pensamento.

  MARCO

  Mao envolveu-se com o *Movimento Quatro de Maio* dos nacionalistas chineses, que teve início em 4 de maio de 1919, com um protesto de estudantes contra um acordo comercial chinês com o Japão. Ele foi às reuniões do grupo Quatro de Maio que levaram à formação do Partido Comunista Chinês. Como comunista recém-chegado, ele se mudou para Shangai em 1923 como organizador político do Kuomitang, ou Partido Nacionalista do Povo, que lutava para estabelecer um novo governo nacionalista chinês no lugar da Aliança Revolucionária que governava desde 1911. Mao foi expulso do Kuomitang em 1927, quando o partido decidiu que não queria comunistas entre seus membros, e formou o Soviete Jiangxi, uma guerrilha clandestina que, depois de assistir a tomada do poder pelos nacionalistas, finalmente saiu vitoriosa de uma guerra civil pós-Segunda Guerra Mundial contra forças lideradas pelo presidente nacionalista Jiang Jieshi.

  MARCO

  Em 1° de outubro de 1949, Mao proclamou a formação da República Popular da China. Como presidente do novo governo, Mao delegou a administração a outras pessoas, mas aparecia ocasionalmente com propostas de reformas dramáticas e desastrosas, como o *Grande Salto*, que durou de 1958 a 1960. Orientado à expansão industrial e rural, ele resultou em más colheitas e na fome de mais de 13 milhões de camponeses. Mao tentou novamente, em 1966, com a *Revolução Cultural*. Uma tentativa de eliminar as influências ocidentais de todas as partes da sociedade chinesa, a Revolução

Cultural trouxe caos e violência. Poeta e ensaísta prolífico, Mao era uma fonte bastante citada do pensamento de esquerda nos turbulentos anos 1960. O retrato do presidente, jovem e parecido com Buda, tornou-se especialmente popular.

Enfrentando a Autoridade

Algumas pessoas vivem de acordo com sua consciência, e que se danem as consequências. Os homens deste tópico mostraram rara coragem, enfrentando pessoas poderosas e pregando contra a injustiça.

- **Martinho Lutero** (1483-1546): Professor universitário e padre alemão, deu início à Reforma Protestante. Ele passou três anos em um monastério antes de se formar. Inicialmente, lutava contra a prática da venda de indulgências por parte da Igreja, que muitas pessoas viam como uma forma de comprar uma vaga no céu. Quando começou a criticar o sistema papal, Lutero passou a questionar outros assuntos, inclusive o celibato dos padres. Ele se casou com Catarina von Bora, que fora freira, em 1525.
- **Mohandas Karamchand Gandhi** (1869-1948): Seus companheiros indianos o chamavam de *Mahatma*, ou "grande alma". Depois de estudar direito na Inglaterra, Gandhi lutou para acabar com a discriminação contra imigrantes indianos na África do Sul. Depois de duas décadas na África do Sul, ele voltou à Índia em 1914. Ele liderou o Congresso Nacional indiano, um grupo que buscava a independência do governo britânico. Inspirado pelo escritor americano Henry David Thoreau, Gandhi pregou e praticou a não cooperação sem violência, ou *desobediência civil*. O governo colonial o manteve preso por conspiração de 1922 a 1924.

Gandhi ajudou a moldar a primeira constituição da Índia. Atingindo seu objetivo de estabelecer um governo independente na Índia em 1947, o desafio seguinte de Gandhi foi deter a violência entre hindus e muçulmanos. Por isso, um fanático hindu o matou.

- **Martin Luther King Jr.** (1929-1968): Carregando o nome daquele que havia iniciado a Reforma Protestante, King orientou o movimento dos direitos civis americanos durante sua época mais importante, de 1955 a 1968. Como jovem pastor batista de Montgomery, Alabama, ele assumiu a causa iniciada por Rosa Parks e liderou o boicote de 1955 às linhas de ônibus da cidade para protestar contra a discriminação racial. Dois anos mais tarde, a recém-formada Conferência de Lideranças Cristãs do Sul escolheu King como seu líder.

  King tinha a Índia de Gandhi como inspiração enquanto pregava e praticava a oposição não violenta ao racismo. Preso, apedrejado, com sua família ameaçada, sua casa bombardeada e sua privacidade invadida por um FBI hostil, King continuou liderando protestos. Ele fez o famoso discurso "Eu tenho um sonho" no Memorial de Lincoln, na capital Washington, em 1963 e, em 1964 recebeu o Prêmio Nobel da Paz. Um assassino matou King em Mênfis, Tennessee, onde ele apoiava a greve dos coletores de lixo.

Aqueles que Mudaram as Regras

Às vezes a mudança, até mesmo a mudança radical, vem de cima. Os governantes deste tópico não estavam contentes com o *status quo* e decidiram transformar seus lares para que se enquadrassem no seu modo de pensar.

- **Aquenáton** (século XIV a.C.): Como Amenhotep IV, ele se tornou rei do Egito em 1379 a.C., mas após seis anos, mudou tudo — seu próprio nome, a capital e a religião nacional. Aquenáton dedicava-se a um culto que não aceitava os deuses tradicionais do Egito e favorecia apenas um deus: o deus sol Aton. Ele colocou o novo centro do governo em Amarna, o qual chamou de Aquenáton, que ficava a quase 500 quilômetros da capital estabelecida anteriormente, Tebas. A arte floresceu sob o governo de Aquenáton e sua rainha, a bela Nefertiti (muitas esculturas que sobreviveram ilustram sua beleza). Mas Aquenáton não conseguiu cuidar das questões terrenas, e as fortunas comerciais e militares do Egito entraram em declínio.

- **Asoka** (século III a.C.): Ou Ashoka, este rei da Índia foi o último governante da Dinastia Mauriana. No início de seu reinado, Asoka liderou exércitos, mas não gostava de derramar sangue. Ele prometeu manter-se longe de lutas, converteu-se ao budismo e espalhou a religião pela Índia e além. Sua política do *dharma* (princípios da vida correta) primava pela tolerância, honestidade e gentileza. Foi bonito enquanto durou, mas após a morte de Asoka, o império foi ladeira abaixo.

- **Henrique VIII** (1491-1547): O romancista do século XIX Charles Dickens via o grande Henrique como "uma mancha de sangue e gordura sobre a História da Inglaterra". Você deve se lembrar dele como o rei gordo que decapitou duas de suas seis esposas, mas ele também foi o primeiro Príncipe Renascentista inglês — educado, bonito (antes de engordar muitos quilos), inteligente, popular (até fechar os monastérios) e cruel. Acreditava-se que Henrique preenchia todos os requisitos necessários, na opinião das pessoas mais cultas da época, para se tornar um governante na Renascença. Ele libertou a Inglaterra do catolicismo e fundou a Igreja Anglicana.

- **Pedro, o Grande** (1672-1725): Quando criança, Pedro I da Rússia foi uma espécie de czar junto com seu meio-irmão, que tinha problemas mentais. Mas neste acordo era sua irmã mais velha, Sophia, que mandava no governo. Em 1696, Pedro mandou Sophia viver em um convento, passou a ser o único governante da Rússia e começou a mudar as coisas. Ele reformou o exército, a economia, a burocracia, as escolas, a Igreja Ortodoxa Russa e até mesmo o modo como o povo russo se vestia. Ele queria que a Rússia refletisse seus vizinhos da Europa ocidental. Como ele convenceu os russos a fazerem o que ele queria? Com brutalidade e repressão, é claro. As diversas guerras de Pedro, principalmente uma grande vitória contra a Suécia, fizeram da Rússia uma grande potência, com um porto marítimo no mar Báltico, onde o czar construiu uma nova capital, São Petersburgo. Sua esposa foi sua sucessora com o nome de Catarina I.

Vivendo e Morrendo pela Espada

Geralmente, as pessoas que tomam o poder à força também são forçadas a cedê-lo pela força.

- **Atahualpa** (desconhecido - 1532): Atahualpa, último governante inca do Peru, foi um dos muitos filhos da História a querer uma fatia maior do território de seu pai. Ao invés de ser grato por herdar a parte norte do Império Inca, Atahualpa expulsou o rei, que era seu irmão, da parte sul. Alguns meses mais tarde, Francisco Pizarro, da Espanha, capturou e matou Atahualpa.

- **Maximilien-François Marie-Isidore de Robespierre** (1758-1794): Era chamado de "O Incorruptível" e, mais tarde, "O Decapitado". Está bem, eu inventei o segundo nome, mas Robespierre, que usou a guilhotina em qualquer pessoa que achava que ameaçaria a Revolução Francesa, também morreu pela lâmina. Ele era advogado e membro dos Estados Gerais, uma reunião oficial de três estados do reino francês (a Igreja, a nobreza e os comuns). Os Estados Gerais tiveram início séculos antes como um corpo conselheiro ocasional para o rei, mas caíram em desuso um século e meio antes do rei Luis XVI convocar uma assembleia em maio de 1789, com o inesperado (para o rei) resultado de apressar a Revolução Francesa. Liderados por sua parte radical, os Estados Gerais se transformaram na Assembleia Nacional revolucionária. Robespierre surgiu como líder da revolução, transformando-se em promotor público e, dois anos mais tarde, membro do notório Comitê de Segurança Pública, dirigindo um fluxo contínuo de execuções durante os três meses que ficaram conhecidos como Reino do Terror. Neste momento, sua crueldade assustava até mesmo seus antigos aliados. O Tribunal Revolucionário, uma instituição que ajudara a criar, mandou Robespierre para a navalha — e não foi para cortar o cabelo.
- **Jean-Jacques Dessalines** (aproximadamente 1758-1806): Nascido no oeste da África, foi capturado como escravo e enviado para o Haiti, onde se autoproclamou imperador. Na insurreição escrava do Haiti de 1791, Dessalines serviu como tenente do líder rebelde Toussaint L'Ouverture. Com a ajuda dos ingleses, Dessalines caçou os franceses no Haiti em 1803 e assumiu o posto de governador geral. Em 1804, ele coroou a si mesmo como Jacques I. Como monarca, massacrou os brancos e tomou suas terras. Seus antigos aliados políticos Henri Christophe (1767-1820) e Alexandre Pétion (1770-1818) não podiam tolerar sua arrogância, crueldade e imoralidade e encomendaram o assassinato de Dessalines.

- **Bernardo O'Higgins** (1778-1842): Embora tenha nascido na Irlanda, Ambrosio O'Higgins (aproximadamente 1720-1801) lutou ao lado dos espanhóis e passou a ser o capitão geral do Chile e vice-rei do Peru. Seu filho, Bernardo, no entanto, ficou ao lado dos chilenos que queriam se libertar da Espanha. Bernardo O'Higgins planejou e ajudou a executar a revolta que aconteceu entre 1810 e 1817. Em seguida, ele se tornou presidente do Chile independente. Porém, outra revolução tirou O'Higgins de seu cargo e ele foi forçado a fugir para o Peru.
- **Jiang Jieshi** (1887-1975): Também conhecido como Chiang Kai-shek, Jiang foi o líder revolucionário que tomou o Kuomitang, ou Partido Nacionalista Chinês, em 1926, após a morte de seu fundador, Sun Yixian. O Kuomitang foi responsável pelo fim do decrépito governo imperial da China em 1911. Lutando contra as forças revolucionárias rivais, Jiang expulsou os comunistas chineses do Kuomitang e, em 1928, estabeleceu seu governo nacionalista em Nanjing (os ocidentais chamavam o lugar de Nanquim). O Kuomitang havia unificado grande parte da China em 1937, mas a Segunda Guerra Mundial ofereceu uma oportunidade para os comunistas, que haviam se reunido sob Mao Ze-dong para reconquistar o poder. Os comunistas venceram a Guerra Civil Chinesa, forçando Jiang e seus aliados a se exilarem. Em 1949, Jiang estabeleceu um governo no exílio, na ilha de Taiwan, e surpreendeu o mundo com o fantástico crescimento econômico daquela nação.

Rebeldes Derrotados

Muitos rebeldes morrem por uma causa e seus esforços revolucionários falhos podem gerar um impacto duradouro. As pessoas deste tópico nunca chegaram a ser presidentes ou primeiros-ministros, mas deixaram um legado para as causas a que se dedicaram e pelos sacrifícios que fizeram.

- **Espártaco** (desconhecido - 71 a.C.): Nascido na Trácia, na região nordeste da Grécia, Espártaco foi o escravo e gladiador que liderou a mais famosa revolta de escravos que Roma enfrentou. Começando em 73 a.C., Espártaco reuniu um enorme exército de escravos e expulsou as pessoas que desafiavam o poderoso exército romano; na verdade, seu exército teve diversas vitórias. Finalmente, um general chamado Crasso (aproximadamente 115-53 a.C.) venceu os rebeldes e matou Espártaco. Crasso crucificou todos os rebeldes e deixou centenas de corpos ao longo da Via Ápia, a principal rua de Roma.
- **Marco Júnio Brutus** (aproximadamente 85-42 a.C.): O nome deste político romano significa "idiota", mas ele o usou com honra. O nome foi transmitido a partir de um famoso ancestral (veja Lúcio Júnio Brutus em "Revolucionários que se Tornaram Governantes" neste capítulo). Quando Pompeu e César travaram uma guerra civil, Brutus ficou ao lado de Pompeu. Em seguida, ele passou a obedecer ao vencedor, César, que o apontou governador de uma região da Gália (atual França). Como o primeiro Brutus famoso havia ajudado a expulsar o último rei romano, Marco Brutus adotou a ideia de ser um destronador também. Isso facilitou o trabalho do político Crasso, que envolveu Brutus em um plano contra César em 44 a.C.

  Depois de assassinar o ditador, os conspiradores lutaram contra os vingadores de César, Antônio e Otaviano. Antônio e Otaviano derrotaram Brutus em Philippi. Brutus se matou e Otaviano passou a ser o imperador Augusto César, resultado que não era exatamente o planejado por Brutus.
- **Wat Tyler** (desconhecido - 1381): Em 1381, os camponeses ingleses se rebelaram contra as condições de trabalho em Kent e escolheram Tyler para liderá-los. Ele liderou uma marcha para Londres para encontrar o rei Ricardo II. O encontro acabou em violência e William Walworth, prefeito de Londres, feriu Tyler. Seus aliados o levaram ao hospital São Bartolomeu, mas Walworth conseguiu tirar Tyler de lá e mandou decapitá-lo.

O motim de Tyler, chamado de Revolta dos Camponeses, provou estar séculos à frente de seu tempo. As rebeliões de trabalhadores raramente chegaram a tanto na Inglaterra até 1812, quando um grupo que se chamava Luditas protestou contra as injustiças da Revolução Industrial. A revolta Ludita também falhou, mas surgiu um clamor pelos direitos dos trabalhadores nas revoltas de diversos países europeus em 1848. A União Nacional dos Trabalhadores, que teve vida curta, foi formada nos Estados Unidos em 1866 e deu início a uma era de difusão dos movimentos pelos direitos dos trabalhadores na América do Norte e na Europa.

- **Guy Fawkes** (1570-1606): Embora tenha nascido em York em uma família protestante, Fawkes converteu-se ao catolicismo e serviu no exército espanhol combatendo os protestantes holandeses. De volta à Inglaterra, onde os católicos eram a minoria oprimida, ele conspirou com ativistas aliados para explodir o rei James I e o Parlamento em 1606. Fawkes foi pego em flagrante em um porão cheio de pólvora. Ele foi condenado e enforcado. A cada novembro, no aniversário de sua morte, os ingleses queimam sua imagem.
- **Emelian Ivanovich Pugachev** (1726-1775): Os oponentes políticos mataram o fraco czar russo Peter III em 1762 e colocaram sua viúva, Catarina, em seu lugar. Catarina, a Grande, aceitou o desafio, mas não sem provocar tumultos. Os *cossacos*, tribos semi-independentes de guerreiros nômades do sul da Rússia, não gostavam de sua autoridade.

  Nos anos 1770, uma rebelião entre operários cossacos transformou-se em uma revolta maior, à qual se uniram os camponeses, que foram apoiar o soldado cossaco Emelian Ivanovich Pugachev quando ele se autoproclamou Pedro III da Rússia, o marido assassinado da imperatriz. Com esta afirmação, ele liderou uma rebelião em massa contra Catarina, prometendo acabar com a repressão do governo. Os oficiais de Catarina capturaram Pugachev em 1774 e o levaram para Moscou, onde o torturaram e mataram. Muito tempo após sua morte, seu nome passou a significar o espírito da revolução camponesa russa.

- **John Brown (1800-1859):** A oposição de Brown à escravatura data de sua época como jovem em Ohio, mas o comerciante e fazendeiro ocasional tinha mais ou menos 50 anos (e era pai de 20 filhos!) quando decidiu que a emancipação deveria ser conquistada à força. Com seis de seus filhos e um genro ao seu lado, ele foi para o Kansas para combater a escravidão. Em retaliação a um ataque a uma cidade que era contra a escravidão, Brown e seus aliados atacaram a fortaleza da escravidão de Pottawatomie Creek e mataram cinco homens. Em seguida, seguiram para o leste, na direção do arsenal americano em Harpers Ferry, Virgínia (mais tarde chamada de Virgínia Ocidental). Ele tomou o arsenal em 1859, mas o coronel do exército americano Robert E. Lee (futuro comandante das forças confederadas) capturou Brown. Enforcado por traição, Brown passou a ser um mártir da causa abolicionista.